한 몸으로
세워진
교회

한 몸으로
세워진
교회

- 초판 1쇄 인쇄 2025년 8월 14일
- 초판 1쇄 발행 2025년 8월 22일

- 지은이 하영종
- 펴낸이 조유선
- 펴낸곳 누가출판사
- 등록번호 제315-2013-000030호
- 등록일자 2013. 5. 7
- 주소 서울시 강서구 공항대로 59다길 276(염창동)
- Tel 02-826-8802, Fax 02-6455-8805
- 정가 16,000원
- ISBN 979-11-85677-94-1

* 파본은 교환해 드립니다.
* 이 출판물은 저작권법에 의해 보호를 받는
  저작물이므로 무단 복제할 수 없습니다.
* 독자의 의견을 기다립니다.
* sunvision1@hanmail.net

한 몸으로 세워진 교회

하영종 지음

목차

추천서 •8
책을 쓰며 •11
들어가는 글 •12

Chapter 1_ 구원과 한 몸 35

Chapter 2_ 성화로서의 한 몸 43

Chapter 3_ 지체로서의 한 몸 55

1. 지체의 기능은 무엇인가? •56
2. 지체는 필요하지 않는 곳이 없다 •60
   1) 불평하는 지체가 없어야 한다 •62
   2) 지체가 서로 자신으로 이해해야 한다 •63

Chapter 4_ 성령으로서 한 몸의 원리 67

1. 성령의 은사로 지체가 세워졌다 •68
   1) 은사는 여러 가지로 나타난다 •72
   2) 성령의 은사 목적 네 가지 •73

Chapter 5_ 어떤 원리와 자세로 교회를 세워야 하는가? 75

1. 부모의 원리로 교회를 세워야 한다 •76
2. 지체는 보상을 원하지 않는다 •80

Chapter 6_ 사랑으로서의 한 몸 83

1. 교회는 사랑으로 부름을 받았다 • 84
2. 사랑은 방향성이 중요하다 • 86
3. 충만함으로 채워지는 사랑 • 90
4. 한 지체도 소홀함이 없는 소중함으로의 사랑 • 91
5. 지체는 사랑을 실천함으로 한 몸을 이룬다 • 95
6. 사랑은 용서의 실천에서 나타나야 한다 • 96

Chapter 7_ 천국으로서의 한 몸 99

1. 천국은 이 땅에서 가시적으로 설명된다 • 100
2. 천국과 연합되어 있는 교회는 어떻게 세상을 살아가야 하는가? • 101
3. 교회는 하나님 나라와 연합되어 있어서 하나님 나라 언어를 사용해야 한다 • 106
4. 무엇이 천국의 언어가 되는가? • 109
   1) 성경 말씀이다 • 109
   2) 찬양이다 • 109
   3) 기도이다 • 110

Chapter 8_ 한 몸의 원리로 나타난 신비함과 풍성함 113

1. 하나 됨으로 나타난 풍성함 • 116
2. 하나 됨은 우리가 하나님을 아버지라 부를 수 있게 되었다 • 118
3. 하나 됨은 주님이 가지고 있는 모든 것이 우리의 것이라는 말이다 • 120
4. 하나 됨은 예수 그리스도와 함께 영광을 나누는 자로 세움을 입었다는 뜻이다 • 121
5. 그리스도와 하나 됨은 우리의 기쁨을 충만하게 하기 위해서이다 • 123
6. 예수가 내려왔고 올라갔다는 의미는 충만이다 • 125

Chapter 9_ 한 몸의 원리로 나타난 열매 129

1. 열매를 맺을 수밖에 없는 근거 ·133
2. 열매를 맺기 위한 성경적 원리 ·134
3. 열매 맺음의 방해 요소 ·138
4. 구원으로 인한 열매 ·139
5. 화목으로서의 열매 ·140
6. 복음 전파를 통한 화평의 열매 ·142

Chapter 10_ 교회의 통일성 143

1. 교회는 끊임없이 죄인들이 들어와서 통일성을 이룬다 ·145
2. 교회는 여러 사람이 모여서 통일성을 이룬다 ·146
3. 사람들이 타고난 성격, 본성도 하나님 말씀에서 통일성을 이룬다 ·146

Chapter 11_ 다양함을 통한 하나 됨 149

1. 한 믿음 안에서 하나 됨 ·154
2. 구원으로서의 하나 됨 ·156

Chapter 12_ 한 몸으로 부르심의 목적 161

1. 교회를 통한 성장이다 ·162
2. 이스라엘을 부르신 목적은 교회를 부르신 목적이다 ·166

Chapter 13_ 교회는 한 몸의 원리로 세워져야 한다 175

1. 세속적인 우상을 알아야 한다 •176
2. 타협하는 것이 얼마나 무서운가? •181
3. 새 언약에서 약속한 한 몸의 원리 •185
   1) 언약궤를 어떻게 이해할 것인가? •187
   2) 지성소 삶의 자세 •188
4. 지성소의 삶을 어떻게 유지할 수 있는가? •189
   1) 지성소로 들어간다는 것은 그리스도의 보혈로 완벽하게 죄 사함을 받았다는 증거이다 •189
   2) 지성소로 들어간다는 것은 우리만이 유일하게 소유할 수 있는 곳이라는 뜻이다 •189
   3) 지성소는 하나님의 임재로 둘러싸인 곳이다 •190
5. 지성소에 임재는 사귐의 결과이다 •190
   1) 지성소는 천국과 연결되어 있다 •190
   2) 지성소의 삶을 살아갈 수밖에 없다 •191
6. 지성소의 역할 •191
   1) 예수님의 피는 우리의 모든 죄를 완벽하게 씻어주셨다 •193
   2) 지성소에 있다는 것은 무엇을 의미하는가? •195
   3) 예수 그리스도의 보혈은 우리를 지성소로 들어갈 수 있도록 하는 하나의 증표다 •196
   4) 그리스도의 보혈은 우리가 하나님 앞에 기도할 때 탄원을 할 수 있도록 해주신다 •196

맺는 글 •201
부록 – 하나 됨을 위한 훈련 성경공부 교재 •213

추천서

기독교한국침례회 증경총회장 김대현 목사

하영종 목사님이 필리핀 클락에 와서 선교의 꿈을 품고 제2의 목회를 준비하고 있는 것으로 생각했는데, 『한 몸으로 세워진 교회』 책을 쓰셨다.

'오늘날 교회가 흔들리고 요동치는 이유가 무엇인가? 성도들이 서로 사랑하며 섬기며 협력하는 자세가 무너진 이유가 무엇인가? 성령의 하나 됨을 지키는 것이 얼마나 중요한가?'를 잘 정리해서 제시해 놓은 책이라 여겨진다. 특히 부록에서 성경 공부 교재도 너무 좋은 예를 제시해 성도들의 성경 공부에 도움이 될 것으로 생각한다.

책을 집필한다는 것은 참으로 어려운 작업이다. 그 책 속에 저자의 신앙과 인격, 삶이 그대로 드러나기 때문이다. 이 책은 나약함과 연약함으로 인해 위기를 맞이하고 있는 교회를 위해, 그리고 특히 영적으로 성장하지 못하는 교회를 향해 다시 교회가 새 힘을 얻고 성령의 인도하심으로 성도들이 하나 되며 성장하여 하나님의 부르신 목적을 성취하는 일들이 이루어지는 데 큰 도움이 될 것으로 생각한다.

한 교인이 등록하여 훈련을 받고 교회에 정착하여 성숙한 성도로 살아가는 일은 목회자의 노력도 필요하지만, 성도들이 얼마나 성령으로 하나 되었느냐에 달려 있다. 이런 목회자들의 고민을 풀어줄 책이라 여긴다. 이 책이 많은 교회 목회자와 교인과 아픔을 해결하는 귀한 지침서가 될 것으로 믿어 의심치 않기에 기쁨으로 추천한다.

교회다운 교회를 꿈꾸며

한국 침례신학대학교 신약학 **신인철 교수**

하나님이 인간에서 생명을 주신 이래 하나님을 믿는 믿음의 사람들은 교회에서 신앙생활을 하였다. 원시교회는 하나님의 백성이 한자리에 모여 신앙을 공유한 공동체로 시작됐다. 물론 이는 교회를 신약시대에만 국한해서 정의할 때 그렇다. 하나님의 백성이 모여 하나님께 제사하던 구약시대로 올라간다면 교회의 기원은 더욱 길어진다. 그러나 이 땅에 교회가 세워진 이래 교회에 관한 수많은 연구가 진행됐지만, 아직도 교회에 관한 연구는 끝이 없다. 그만큼 교회는 우리에게 친밀하면서도, 교회의 정체와 기능을 올바로 이해하는 일은 쉽지가 않다.

금번에 에베소서를 기초로 한 교회론에 관한 책이 출간된다니

참으로 감사하다. 저자 하영종 목사는 신학 공부 후 교회를 개척하여 35년을 묵묵히 목회하면서, 목회 현장에서 경험한 다양한 경험을 바탕으로 교회에 관한 책을 저술하였다. 본서의 특징은 교회론의 전반 주제를 다룬 것이 아니라 교회가 한 몸이라는 성도의 연합에 대해 다루었다.

이 책은 교회의 시작을 구원에서부터 시작한다. 칭의와 성화 구원의 과정을 거치면서 교회는 한 몸이 되어간다고 주장한다. 교회는 구원받은 하나님의 백성의 모임임을 주장한 것이다. 그리고 교회를 서로 협력하여 섬겨가는 지체로 보았다. 교회 구성원 각 지체의 기능을 은사론 관점에서 분석한 부분이 돋보인다. 불평하지 않고 서로의 역할을 잘 감당해야만 좋은 교회로 성장할 수 있다는 것이다. 더욱이 성령의 인도하심을 따라 사랑하고 섬기는 교회가 한 몸임을 강조한다.

본서는 교회가 한 몸을 이뤄야 한다는 지극히 평범한 주제를 심도 있고 목회 경험적 관점에서 다룬 장점이 있다. 다양한 사람들이 서로 다른 재능을 모아 교회에서 한 몸을 이뤄 하나님을 섬겨야 한다는 점도 적절하게 묘사했다. 이러한 측면에서 보면, 본서는 교회가 무엇이며, 무엇을 하는 곳인지를 명확하게 규명했다는 점에서 독자들에게 교회에 관한 길잡이 역할을 하리라 믿는다. 교회를 사랑하는 평신도와 신학도들이 이 책을 읽는다면 하나님이 기뻐하시는 교회를 세우는 데 크게 도움이 되리라 생각한다.

책을 쓰며

항암치료를 종료하고 필리핀 클락에 와서 이 책을 쓰게 되었다. 이 책은 참고도서가 없다. 왜냐하면 교회의 연합을 위한 한 몸의 원리를 시리즈로 설교하면서 교회 연합이 얼마나 중요한가를 깨닫게 되었다. 그래서 설교내용과 평소 생각해 왔던 부분을 가지고 교회의 연합이 얼마나 중요한가를 설명하기 위해 쓴 책이기 때문이다. 분명히 설교를 준비하면서 주석이나, 설교집, 설교 영상 등이 참고되었을 것이다. 이 부분에 대해 이해해 주기를 바란다.

하나 됨의 원리는 이상적이고 이론적이라 할 수 있다. 하지만 우리가 천국을 소망하는 한, 교회가 하나 됨을 지키기 위해 노력해야 한다. 교회가 하나 됨의 과정에서 이 책이 도움이 되기를 바란다.

사실 지금도 책으로 펴내야 하는가 하는 깊은 고민이 있다. 왜냐하면 졸작에다가 문맥이나 서술 부분에서도 어색함이 많기 때문이다. 그러나 교회가 한 몸으로 세워지는 훈련에 있어서 조금이라도 도움이 될 수 있다는 생각에 용기를 내어 책을 쓰게 되었다. 너그러운 마음으로 읽어주길 바란다.

들어가는 글

『한 몸으로 세워진 교회』의 책을 쓰게 된 이유를 먼저 제시하는 것이 이 책의 내용을 파악하는데 중요할 것 같아서 크게 3가지로 그 이유를 설명하고자 한다.

첫째, 오랫동안 신앙생활과 목회를 하면서 계속 의문이 생기는 부분이 있었다. 그것은 정작 본인이 하나님을 만났다고 하면서, 성령을 받았다고 하면서, 어느 정도 시간이 흘러가면 원점으로 돌아가는 모습들을 보게 된다. 물론 조금 성장하는 면들이 있기는 하지만, 짓는 죄의 반복이 덜 하기는 하지만, 여전히 옛 성품에서 벗어나지 못하는 모습들이다. 왜 그럴까? 이 부분을 나무로 비유하자면 쓴 뿌리에서 즉, 미움, 상처, 중독, 염려, 열등감 등의 뿌리에서 이런 옛 성품의 열매를 맺는다. 그러면 그 열매만 보고 나쁜 열매라 잘라내야 하니까 가지를 잘라내면 현실적으로 볼 때는 없어졌지만 어느 기간이 흐르면 또 가지가 자라서 싹이 나와 열매를 맺게 되어 있다. 그래서 이제 모든 열매를 없애기 위해 나무를 자르는 결단을 한다. 그러면 오랜 시간 동안 열매를 볼 수 없을 것이다. 그러나 어느 정도 시간이 흐르면 나무가 자라나

가지를 형성하고 싹이 나오고 열매를 맺게 된다. 시간의 문제이지 언젠가는 이런 열매를 맺게 되어 있다. 그러면 무엇이 문제인가? 그렇다. 뿌리가 문제다. 이 뿌리가 과연 무엇인지 발견하기 위해 심리학이나 상담학이 사용될 수 있다. 그런데 이 뿌리를 어떻게 제거할 것인가에 대한 해답은 상담학이나, 심리학이나, 정신분석학적으로 완전히 해결할 수가 없다.

 우리가 신앙생활을 하면서 가지를 자르거나 아니면 나무를 자르는 일들이 일어나는데 시간이 지나면 다시 이런 죄의 열매를 맺어나가는 삶을 끊임없이 살고 있다는 것이다. 술 중독자가 은혜를 받고 술을 끊었다고 간증을 했는데 몇 년 안 가서 또 술을 마시는 것을 많이 봐 왔다. 어떤 여성 목사는 여자가 목사가 될 정도로 신앙적으로 열심과 헌신적인 사람이었는데, 이분이 옛날에 자주 먹었던 술을 지금도 끊지 못하고 계속 먹고 있다는 소리를 들은 적이 있다. 대도라 불리는 조**은 회개하고 새사람이 되었다고 전국을 돌면서 간증하며 다니다가 급기야 일본으로까지 나가서 간증을 하게 되었는데, 그곳에서 도둑질하다가 붙잡힌 적이 있었다. 왜 이런 현상이 나타나는가? 이것은 특별한 사람들만의 문제가 아니다. 일반적으로 성도라고 하면서 은혜를 받고 성령을 체험했다고 하면서 10년이 넘어 그 사람의 현주소를 보면 교회를 떠난 사람들도 있고 예전 같지 않은 모습을 하고 있는 사람들이 굉장히 많다.

이런 문제를 어떻게 풀어가야 하는가? 왜 이런 현상이 나타나는가? 물론 상담학자들은 쓴 뿌리를 제거하지 못해서 그렇다고 한다. 그렇다면 어떻게 쓴 뿌리를 제거할 수 있느냐 하는 문제인데 일반적으로 목회자들의 대답은 '말씀'으로 '성령'으로 가능하다고 한다. 그런데 앞에서 말씀한 것처럼 성령 받았고 그것도 충만히 받았다고 하는 사람들이 다시 옛날 모습으로 돌아가는 것은 왜 말인가? 그러면 성경도 효과가 없다는 말인가? 이런 문제를 해결하기 위해 '한 몸'을 주제로 한 책을 발간하게 된 것이다.

둘째, 2020년부터 본격적으로 코로나19로 말미암아 전 세계가 엄청난 소용돌이 속에 빠지게 되었다. 보건, 경제, 무역, 소통할 것 없이 위기에 놓였는데 교회도 예외가 아니었다. 교회는 코로나가 크게 퍼지거나 심각한 위기가 올 때마다 국가와 지방 자체 장들이 앞다투어 행정명령을 내렸고, 그럴 때마다 교회는 예배드릴 수 없는 위기를 맞이하곤 했다. 문제는 약 3년 동안 코로나19로 말미암아 온라인예배를 선호하는 추세로 변화가 일어났는데, 처음에는 좀 거북함을 느끼더니 시간이 지나감에 따라 온라인예배에 익숙 되어 온라인예배를 선호하는 추세가 된 것이다. 더구나 지명도 있는 목사들이나, 은퇴 목사들이 온라인예배를 부추기면서 성도들에게 혼란을 야기시키는 계기가 되었고 이것으로 인해 코로나가 끝나면 과연 이들이 교회로 돌아올 것인가 하는 의문을 가지게 된 것이다.

지금 코로나가 종식되었지만 여파는 만만치 않다. 문제는 또 다른 어떤 종류의 위기가 찾아오지 말라는 법이 없다. 중요한 것은 온라인예배를 드리느냐, 오프라인예배를 드리느냐가 아니라 어느 것이 성경적인가? 어느 쪽을 하나님이 원하시는가? 하는 것을 아는 것이 중요하다. 그런 관점에서 방향성이 굉장히 중요한데, 교회가 올바른 방향성을 제시해야 할 의무가 있다. 지금 온라인예배도 성령과 진리로 예배를 드릴 수 있다고 일부 목회자들이 주장을 하고 있다. 물론 일시적인 온라인예배를 드릴 수 있다. 코로나 시기를 생각해 보면, 병원에 입원한 환자나, 출타 중에 있는 성도들이 코로나로 인해 눈치가 보여 마음대로 다른 교회에 갈 수 없는 상황이었다. 그리고 코로나 위험에 놓여 있다는 생각이 들 때, 또한 코로나 확진자와 밀접 접촉으로 격리 중일 때 영상으로 예배를 드릴 수 있다. 하지만 지금 언급하고 있는 내용은 코로나 여파로 온라인교회를 세우자는 주장을 공공연하게 하고 있을 뿐만 아니라, 이미 온라인교회를 개척한 사람들도 있다. 교회를 없애고 이제 시대적 변화와 4차 산업 혁명 시대에 맞게 예배를 드려야 된다는 주장이다.

이럴 때 교회가 올바른 방향성을 성경을 통해 제시해야 한다는 말이다. 예를 들어 사도 바울은 하나님을 향한 열심이 있었다. 오죽하면, 예수 그리스도를 믿는 성도들을 포박하고 옥에 가두기 위해 얼마나 열심을 내었으면 다메섹에 그리스도인들이 있다는 소식을 듣고 제사장 군대를 이끌고 그 먼 곳까지 가서 그리스도인들을 체포하기 위한 열정과 열심이 있었을까? 물론 다메섹에서 예수님을 만나고 회심했지만 그는 회심 전에도 하나님을 향한 열심은 동일했다. 바울이 회심 후에도 하나님을 향한 열심은 회심 전과 동일했다는 말이다. 얼마나 하나님을 향한 열심이 큰가 하면, 복음을 전하는 데 있어서 감옥과 매질과 죽음 앞에서도 흔들리지 않은 믿음으로 하나님의 사명을 온전히 감당했다. 그러니까 열심 면에서 동일했다는 것이다. 문제는 방향성이다. 바울의 열심에 대한 방향성이 잘못되어 교회를 핍박하는 자가 된 것처럼 오늘날 열심을 다해 최선을 다해 예배를 드린다지만, 온라인예배의 방향성 문제가 신앙생활에 얼마나 잘못된 방향으로 흐르고 있느냐 하는 문제를 『한 몸으로 세워진 교회』를 통해 밝히고자 한다.

셋째, 신앙생활은 절대로 한 사람이 할 수 없는 교회의 원리를 알아야 한다. 교회는 한 사람의 헌신과 한 사람의 희생과 한 사람이 주도하는 곳이 아니다. 왜냐하면 지체는 유기체적으로 연합되어 있기 때문이다. 오른손만 활동하고 왼손이 활동하지 않는다면 어떤 현상이 생길까? 오른발은 사용하는데 왼발을 사용하지 않으면 어떤 현상이 나타날 것인가는 뻔한 일이다. 쉽게 이야기해서 한 지체만 활동하고 한 지체만 일을 하면 결과적으로 모든 지체가 힘들어지는 상황을 초래하게 될 것이다. 그러므로 교회에서는 절대 한 사람이나 몇몇 사람들이 모든 일을 할 수 없다는 것을 인지해야 한다. 그런데 우리의 사고 속에서는 부요한 한 사람이 헌금을 다 하고, 한 사람이 전도를 다 해도(그 한 사람이 일 년에

1000명을 전도한 사례도 있음) 교회는 든든히 세워져 갈 수 있다고 생각하는 경우가 종종 있다.

　이런 생각을 하는 원인 중에 인본주의를 빼놓을 수 없다. 이 사상은 인간이 이 땅에 유토피아를 건설할 수 있다는 긍정적 태도를 가지고 교회를 이끄는 자기중심적인 사람들의 정형적인 모습이다. 몇몇 사람들만 뛰어나고 탁월하면 된다는 생각인데, 교회가 사람 중심으로 갈 때, 교회는 사람들의 눈치를 보게 되어 있다. 즉 부자, 권력자, 능력자, 이런 사람들에게 끊임없이 눈치만 보고, 그들의 주장과 생각에 따라 교회는 끌려가게 되어 있다. 교회는 신본주의 기초위에 서 있다. 교회가 신본주의로 세워져야 하는 이유는 교회의 머리는 예수 그리스도이기 때문이다. 그리스도의 통치와 명령 안에서 삶을 살아가야 하는데, 사람이 중심이 되어 사람의 소리에 귀 기울이게 되면 사람의 비위에 맞추어 교회를 세워가게 된다. 그래서 요즘 교회들이 회개와 전도에 대해서 함부로 설교를 못 한다. 왜냐하면 성도들이 듣기 싫어하기 때문이다. 복음의 말씀, 생명의 말씀을 전하지 못하면 성도들은 영적으로 힘을 잃을 수밖에 없고, 결국 하나님의 말씀에서 떠나는 삶을 살아갈 수밖에 없는 것이다.

　교회가 계속해서 분쟁이 일어나는 이유가 무엇일까? 그것은 교회가 인본주의를 기초로 해서 세워졌기 때문이다. 그래서 교회가 기도를 먼저 하는 것이 아니라, 말씀에 비추어 그리스도의 말씀에 따라 순종하는 자세가 아니라 사람이 중심이 되어 사람의 소리를 듣기 때문에 서로의 주장에 따라 서로의 생각에 따라 번복하고 싸우고 교회가 갈라지고 나누어지는 일들이 일어나는 것이다. 이런 점에서 교회가 한 몸의 원리를 알고 세워지는 것이 얼마나 중요한가를 알 필요가 있다.

한 몸의 원리

요일 2:5-6 누구든지 그의 말씀을 지키는 자는 하나님의 사랑이 참으로 그 속에서 온전하게 되었나니 이로써 우리가 그의 안에 있는 줄을 아노라 그의 안에 산다고 하는 자는 그가 행하시는 대로 자기도 행할지니라

1. 하나 됨의 원리와 내용

엡 4:1-4 그러므로 주 안에서 갇힌 내가 너희를 권하노니 너희가 부르심을 받은 일에 합당하게 행하여 모든 겸손과 온유로 하고 오래 참음으로 사랑 가운데서 서로 용납하고 평안의 매는 줄로 성령이 하나 되게 하신 것을 힘써 지키라 몸이 하나요 성령도 한 분이시니 이와 같이 너희가 부르심의 한 소망 안에서 부르심을 받았느니라

'성령이 하나 되게 하신 것을 힘써 지키라'라고 말씀하셨다.

이 부분이 한 몸의 원리를 추구하는 데 가장 중요한 부분이다. 왜냐하면 성령이 하나가 되게 하는 일을 외면하고는 절대로 교회가 한 몸이 될 수 없기 때문이다. 그러므로 이 부분을 구체적으로 알 필요가 있다. 그러면 성령이 하나 되게 하기 위해서 어떤 자세와 실천을 통해서 하나 되게 할 수 있는가는 바로 '부르심에 합당하게 행하며', '모든 겸손과 온유', '오래 참음으로', '사랑 가운데 서로 용납하고', '평안의 매는 줄로'이다. 그리고 1절 마지막 부분에서 '지키라'고 한다. 그러니까 '행하라, 실천하라'라는 말이다.

이 구절을 세부적으로 알아보자. 첫 번째로, '합당하게 행하여'에 해당하는 헬라어 '악시오스'(ἄξιος)는 문자적으로 '다른 들보를 하나 더 세워'라는 의미로 성도들이 현장의 삶에서 어떤 기준을 세우라는 것이다. 그러면 그 기준이 무엇인가? 바로 '부르심'이다. 이것은 새 생명으로의 초대인데, 그리스도인이 하나님의 부르심에 합당하게 응답함으로써 하나님께서 우리를 부르신 목적에 부합되는 삶을 살아야 함을 강조하는 것이다. 하나님이 누구신가? 그분은 우리를 사랑하시며, 생사화복을 주장하시며, 오래 참으시며, 우리를 자녀 삼으시기 위해 예수 그리스도를 보내신 그 분이 우리를 부르고 계신다는 말이다. 그리고 부르신 이유가 삶의 현장에서 성도들이 합당하게 행하라는 것이다. 합당하게 행함은 교회를 통해 나타나야 한다.

롬 1:6 너희도 그들 중에서 예수 그리스도의 것으로 부르심을 받

은 자니라

롬 8:28　우리가 알거니와 하나님을 사랑하는 자 곧 그의 뜻대로 부름을 입은 자들에게는 모든 것이 합력하여 선을 이루느니라

그 뜻대로 부르심을 입었다는 것은 두 가지로 설명이 되는데, 첫째는 하나님의 은혜와 주권으로 구원을 받았다는 것이고, 둘째로는 '하나님을 사랑하는 자'와 '부르심을 입은 자'는 같다는 뜻이다. 동격이라는 말이다. 즉 하나님을 사랑하는 자는 하나님께 부르심을 입은 자이며, 하나님께 부르심을 입은 자는 하나님을 사랑하는 자라는 말이 된다. 이 부르심을 입은 자들이 '협력해서 선을 이룬다.'는 말이다. 그러니까 모든 것, 만물들도 모든 일에 선을 목표로 하여 협력관계에 있고, 연관관계에 있다는 말이 된다. 교회가 이렇게 유기적으로 연합되어 있다는 뜻이다.

그리고 부르심을 입은 자들에게 구체적인 덕목을 제시하고 있는데, 그것이 바로 앞서 말한 내용들이다.

먼저는 '겸손'이다. 이것은 자신의 부족과 무가치함을 깨닫고 자신보다 남을 낫게 여기는 마음 자세이다. 이 겸손의 본을 보여주신 분이 바로 그리스도이신데, 예수님이 친히 낮아지시는 모범을 통해 겸손의 미덕을 보여주셨기 때문에 이것이 신앙생활에서 덕목 가운데 중요한 역할을 감당하고 있다.

빌 2:6-11 그는 근본 하나님의 본체시나 하나님과 동등됨을 취할 것으로 여기지 아니하시고 오히려 자기를 비워 종의 형체를 가지사 사람들과 같이 되셨고 사람의 모양으로 나타나사 자기를 낮추시고 죽기까지 복종하셨으니 곧 십자가에 죽으심이라 이러므로 하나님이 그를 지극히 높여 모든 이름 위에 뛰어난 이름을 주사 하늘에 있는 자들과 땅에 있는 자들과 땅 아래에 있는 자들로 모든 무릎을 예수의 이름에 꿇게 하시고 모든 입으로 예수 그리스도를 주라 시인하여 하나님 아버지께 영광을 돌리게 하셨느니라

높으신 곳, 초월자이신 전능하신 하나님께서 육신의 몸을 입고 자기를 낮추시는데 죽기까지 하신 겸손이 오늘날 우리에게 모본이 되는 그리스도의 겸손이다.

그리고 '온유'다. 이 온유는 정중함으로도 쓰인다. 대표적인 인물이 모세인데, 사랑을 온유로 표현하고 있다. 그러니까 가장 성숙한 사랑이 온유이다. 그리고 내면의 부드러움과 상대방을 향한 존중이다. 지금 소개하고 있는 내용들은 그리스도의 성품에 해당하는데, 성품은 성령의 열매로서 두 가지 의미를 가진다. 첫째는 '중용'을 뜻하는 것으로 그리스도의 성품이 어느 한 곳에 치우치지 않고 균형과 조화를 이루고 있다는 말이다. 둘째로는 인간의 욕구, 생각, 마음 등을 스스로 자제하는 덕성을 말한다.

또한 '오래 참음'이다. 이것은 죄인들을 향한 하나님의 마음이

다. 그것은 죄인을 용서하시고 기다리시는 하나님의 성품이기도 하다. 그러므로 당연히 인간과의 관계에서도 하나님의 성품이 드러나서 성령의 열매를 맺어나가는, 복수가 아닌 이해와 사랑의 관계로 이어지는 것을 말한다.

그다음에 나오는 '사랑 가운데 서로 용납하고' 이 말은 오래 참음의 넓은 의미에서 용납이다. 그냥 용납하는 것이 아니라 그 용납이 사랑에서 나와야 한다. 사실 사랑이 아니면 올바른 용납이 가능할 수 없는 것이다.

골 3:13   누가 누구에게 불만이 있거든 서로 용납하여 피차 용서하되 주께서 너희를 용서하신 것같이 너희도 그리하고

여기서는 서로 용납하라고 언급하고 있다. 서로 용납하되 사랑으로 하라는 '사랑'이 빠져 있다. 이 용납은 어떤 조건이나 보상을 요구하는 용납이 아니라 무조건적 사랑, 절대적 사랑으로 나타나는 성품이다. 그리고 이 사랑으로의 용납은 상대방의 연약함, 나약함, 단점 등을 모두 받아들이는 행위라는 것을 잊지 말아야 한다.

이런 성품들을 힘써 지키라고 말하고 있다. 먼저 언급한 내용이지만, '평안의 매는 줄로'이다. 하나 됨의 연합을 지속해서 지키기 위해서는 '평안의 매는 줄로'만 가능하다는 말이다. 먼저는

하나님과 우리의 담장을 예수 그리스도께서 허무셨다. 십자가로 말미암아 우리가 하나님과 화목하며 하나 됨을 실천하셨다. 그리고 우리에게 사람들과의 하나 됨을 요구하시는 것이다. 이방인과 유대인들의 하나 됨, 하나님과 사람 사이의 장벽에서 그 장벽을 허물고 하나 됨, 그리고 그리스도인들과의 하나 됨을 요구하고 있다. 이 평안은 하나님과의 분리되지 않도록 보호해 주는 역할을 한다. 그런데 이 하나 됨의 '매는 줄'은 하나님과 인간과의 관계의 묶음이 사랑의 줄로 묶여 있어서 어떤 강력한 것으로도 갈라놓을 수 없다는 말이 된다. 이것이 성령을 통해 이루어지는 것인데, 힘써 지키는 것은 헬라어로 '스푸다존데서'$_{spouvdason}$ 인데 '노력하다'라는 의미가 있다. 이 단어의 구체적인 뜻은 보다 강한 표현으로서 어떤 목적을 향한 진지하고 열심 있는 태도를 가리킨다. 이것은 평안을 통해서 하나를 이루는 것이 매우 급박한 것이며 단호한 결심이 뒤따라야 하는 어려운 일임을 나타내고 있다. 그래서 성령이 강조되고 있다.

관련구절: 고전 12:12-31, 엡 4:11-12, 고전 3:6-7

2. 한 몸 원리의 필요성

우리에게 요구되는 한 몸의 원리, 하나 됨의 원리는 어떻게 해야 가능할 수 있는가? 부부도 하나가 되기에 어려움이 얼마나 많은가? 형제도 아니고 교회에서 만난 사람들인데 이 교회가 영적으로 한 몸으로 부르시고 하나 됨을 강조하고 있다. 그런데 이런 원리가 가능한 이유는 바로 '성령'에 의해서이다. 그래서 오늘 성령이라고 하지 않고 '한 성령'이라고 이야기하고 있다. 이 '한 성령'으로 말미암아 하나 됨을 유지하며 완성해 갈 수 있다는 말이다.

여기서 우리가 하나 됨의 원리는 우리가 하나 되자, 우리가 하나 되자 이렇게 각오하고 결단하고 결심해서 되는 것이 아니다. 우리가 신앙생활을 할 때 행위적인 신앙생활을 하는 부분이 참 많이 있다. 열심히 기도하려고 하는데 안 되고, 세상에서 선하게 살려고 하는데, 전도도 열심히 하고 싶은데 안 된다. 예를 들어 부부가 한 몸이라고 하는데 왜 한 몸의 원리를 따르지 못하고 한 몸의 삶을 살지 못하는지 아는가? 서로 독립되어 있는데 독립되어 있는 둘이 하나로 만들려고 하니까 안 되는 것이다. 자라온 환경, 가치관, 삶의 의미와 목적, 식성, 버릇 등이 다 다르다. 이런 다름을 어떻게 하나로 맞추어서 한 몸을 이룰 수 있겠는가? 불가능하다. 여기서 한 몸이라는 것은 두 인격체가 한 몸으로 만들기 위해 노력하는 것이 아니라 이미 남편이 오른팔이라면 아내는 왼팔이라는 뜻이다. 한 몸으로 만들어졌고 세워졌다는 말이다. 그래서 우리가 부부의 한 몸으로 접근할 때 '너'가 '나'고 '나'가 '너'라는 인식으로 삶을 살아가야 한다. 동일체로 세워졌기 때문에 이런 상황을 알고 출발한다면 부부가 한 몸을 이루는 일들이 가능해진다.

이때 비로소 성령의 일하심을 통해 '나'가 '너'고 '너'가 '나'라는 인식과 관계를 계속 일깨워 주시는 것이다. 다시 강조하지만 성령의 도우심이 아니면 불가능하다. 예를 들어 말씀에 비추어 우리를 향해 '빛이 되어라, 소금이 되어라' 이렇게 권면을 자주 받는다. 그러면 어떻게 빛이 되고 소금이 될 수 있을까? 실천적 방법으로 접근해서 내가 빛이 되기 위해 노력하고 애쓴다면 가능할까? 불가능하다. 행위적 신앙의 삶의 무거운 짐을 지고 신앙생활 하시는 분이 많다. 사실 율법을 완벽하게 지키는 것이 불가능하다는 것을 우리는 잘 알고 있다. 왜냐하면 율법을 주신 것은 우리가 죄인이라는 사실을 분명히 하기 위해서다. 그리고 하나님의 길, 그분의 뜻과 의도를 율법을 통해 제시받고 있다. 문제는 율법을 지킬 수 있는 의인이 있느냐는 것이다. 율법을 통해서 우리가 얼마나 추악한 죄인인가, 얼마나 나약하고 무능력하고 무지한가를 인식시키고 십자가로 인도한다. 이것이 율법의 궁극적인 목적이기 때문이다.

이런 불가능한 상황들을 동일하게 행위적 신앙생활에서도 자신들이 지키기 위해 노력하고 있다는 것이다. 우리가 빛이 되고 싶다고 노력해서 되는 것이 아니다. 그러면 빛이요, 소금의 원리는 무엇인가? 바로 '우리가 빛이요, 우리가 소금'이다. 우리는 빛으로 소금으로 삶을 살아갈 수밖에 없는, 아니 어디를 가든지 빛이요, 소금의 삶을 살아가게 되어 있다. 우리가 빛이 되기 위해 노력해서 그 결과로 빛이 되고 소금이 되는 것이 아니라 이미 빛이며 소금이다. 그 본질을 회복하는 것이 중요하다.

마찬가지로 이렇게 길게 설명하는 이유는 우리가 한 몸이 되자 해서 되는 것이 아니라 이미 구원받은 자들은 한 몸으로 유기체적으로 연합되어 있는 사실을 강조하기 위해서다. 각 인격체가 모여서 서로 한 몸이 되자고 애를 쓴다고 해서 되는 것이 아니다. 이미 우리는 한 몸이기 때문에 이제는 성령의 인도하심과 일하심과 감동과 역사하심으로 이 한 몸을 지켜나가는 일만 남았다. 이 부분에 대해서는 구체적으로 다음 장에서 설명을 이어갈 생각이다. 이런 관점을 근거로 해서 한 몸의 필요성에 대해 살펴보기를 바란다. 우리는 개인의 구원, 개인의 축복, 개인의 영광을 많이 강조해 왔다. 개인이 누가 더 헌신을 잘하고, 누가 더 전도를 잘하고, 누가 더 기도를 많이 하는가 하는 싸움은 해왔지만 누가 서로 배려 하고, 누가 더 협력하고, 누가 더 양보하는 일과 회복하는 일에 앞장서 있는가 하는 문제에서는 너무 연약한 모습이다. 왜 이런 현상이 생길 수밖에 없느냐 하면 행위를 통한 신앙과 믿음의 기준 척도로 삼아왔기 때문이다.

우리 중에 먼저 믿는 사람들이 있다. 먼저 믿어서 나중 믿은 사람들을 어떻게 대해야 하는가? 물론 나중 믿은 사람들이 훨씬 신앙생활을 잘하는 경우가 많이 있기는 하지만, 나중 믿은 사람들이 열심히 주의 일을 하는 모습을 보고 입을 삐죽거리면서 '처음에 저렇게 설치다가 지쳐보고, 힘들어 봐야 정신 차리지.' 이렇게 반응하는 경우가 있다. 분명한 사실은 먼저 믿은 사람들이 믿고 난 후의 세월이 왜 그토록 필요한가 하는 필요 의식을 보여주는 것이다. 신앙의 긴 세월 동안 받아왔던 연단과 훈련을 통해 그리스도의 마음을 품고 하나님의 사랑으로 채워지는 일들을 나중 믿은 자에게 보여주는 것이다. 그런데 아쉽게도 먼저 믿은 자들이 이런 필요 의식을 갖지 못하고 있다. 이런 교회의 질서를 바로 잡고 교회가 하나가 되어 하나님의 신비함에 참여하기 위해 우리는 한 몸의 원리를 알아야 한다. 그런 관점에서 우리는 지금 한 몸으로 부름을 받고 있다. 그것은 그리스도를 머리로 해서 우리들의 모임이 교회가 되고 각자가 지체로 유기체적으로 연합되어 있는 이 하나 됨의 부르심은 엄청난 신비함과 비밀이 있다는 것을 확인하는 은혜가 있기를 바란다.

왜 우리를 이렇게 부르셨는가? 왜 이렇게 한 몸으로 연합시켰는가? 이것에는 분명한 이유가 있어서다. 하나님의 뜻을 이루고, 이 한 몸으로서만이 하나님의 계획과 약속과 언약을 성취하겠다는 분명한 하나님의 의지가 담겨 있기 때문이다. 또한 하나님 나라를 보여주시는데, 교회를 통해 보여주고 비밀을 풀어내며, 교회를 통해 맛보게 하며, 교회를 통해 그 나라를 준비하게 하는 계획들이 있음을 우리는 알아야 한다. 그래서 우리가 한 몸으로 초대받은 것이 얼마나 중요한 것인가 하는 그것을 성령으로 확인해야 한다. 그리고 이 한 몸을 유지시키며 한 몸으로 결속을 이루고 계신 성령의 일하심을 깨달아야 한다.

성령으로 지속적인 하나 됨을 세워간다

다시 강조하지만, 한 몸의 원리는 성령의 일하심으로 하나 됨을 지키는 일이 없으면 아무 소용이 없다. 그래서 한 몸의 원리에서는 성령을 강조하고 긴 설명이 필요한 것이다. 한 몸으로 세워진다는 것이 얼마나 어려운지는 한 가족, 한 단체, 한 직장에 소속되어 생활하면서 확인할 수 있다. 그런데 이런 하나 됨의 원리가 가능한 이유가 바로 '성령'이다. 그래서 오늘 성령이라고 하지 않고 '한 성령'이라고 이야기하고 있고, 이 한 성령으로 말미암아 하나 됨을 유지하며 완성해 갈 수 있다고 앞서 언급을 했다.

사실 교회가 서로 간의 부작용이 많았던 것은 사실이다. 교회는 교회끼리 절대 경쟁하는 곳이 아니며, 다툼이 있을 수 없고, 비난할 이유가 전혀 없음에도 불구하고 이웃에 눈살을 찌푸리게 하는 여러 가지 부작용들이 있었던 것은 변명의 여지가 없다. 그래서 교회를 어떻게 비난을 하느냐 하면, 'phobia' 집단이라는 것이다. 그러니까 두렵고 공포스럽고 혐오스럽다는 말이다. 교회를 부정적이고 비판적으로 보는 경향이 뚜렷해진 것은 사실이다. 왜 이런 비난의 현상이 지속해서 나타나고 있느냐 하면, 사람들이 교회의 속성을 몰라서 그럴 수 있고, 더 중요한 것은 세상 사람들에게 교회가 그렇게 인식되도록 행동하고 있다는 것이 오늘날 기독교인들의 현주소일 수 있다.

혹시 우리가 신앙 생활하면서 넘치는 은혜를 체험할 때도 있고, 강력한 하나님의 능력 즉, 은사를 체험할 때도 있고, 또한 기적을 체험할 때도 있는데, 이런 신앙의 신비함을 맛본다면 이것은 개인의 일이 아님을 분명히 알아야 한다. 하나님이 이것을 개인적으로 부어주셔서 넘치는 충만함과 감격을 맛보게 했다면 누군가와 나누어야 할 풍성함이 있다는 말이다. 쉽게 이야기하면 총체적인 이 은혜는 나 혼자 음미하며 누릴 수 있는 부분이 아니라 '감격하며 뛰어나가는 속성'이 있다는 것이다. 오순절 성령강림이 그런 모습이었다. 그러니까 이 신비한 체험이 개인의 문제가 아니라 교회의 연합에 관한 문제라는 말이다.

교회는 한 몸으로 연합되어 있는데 성도들은 개인적인 신앙만을 강조해 왔다. 즉, 개인의 신앙이 연합으로 가지 못했다는 것이다. 예를 들어 40일 금식을 했으면 그 금식 한 것이 자랑이 되고 훈장이 되고 이력서가 되었다. 40일 금식으로 말미암아 하나님의 뜻을 알고 그분과 깊이 있는 교제가 있었다면 더욱 성숙해야 한다. 그 성숙은 성도들을 섬기며 낮아지며 본이 되는 삶으로 드러나야 한다는 말이다. 그런데 그렇지 못했다. 이 40일 금식이 교회에서 자기 자랑이 되고 늘 자기 이력서로 활용하고 있어서 금식하지 못하는 사람들은 오히려 열심과 하나님에 대한 사랑이 없어서 나타나는 현상으로 치부되기도 한다. 40일 금식이 무기가 되어 성도들의 신앙을 정죄하고 비난의 대상으로 삼기도 했다. 이것은 헌금도 마찬가지다. 헌금을 많이 드린 것은 하나님의 은혜의 표현을 많이 한 것이고 감사의 표현을 많이 할 수 있도록 축복하신 것이다. 그래서 더욱 낮아지고 겸손한 태도로 한 몸을 이루어야 하는데 그것이 아니다. 헌금하지 못하는 사람들을 은근히 멸시하고 얼마나 교회에서 거만을 떠는지 모른다. 오히려 이런 것이 연합을 방해한다면 헌금을 하지 않는 편이 훨씬 낫다. 새벽기도를 빠지지 않고 나오는 성도들은 교회에서 얼마나 무서운지 모른다. 새벽기도가 무기가 되어 새벽기도 하지 않은 성도들을 얼마나 멸시하며 비난하며 찌르고 다니는지 모른다. '기도 안 하고 어떻게 신앙생활 하지? 새벽기도 안 하고 어떻게 권사가 되고 장로가 되려고 하지?' 이러면서 새벽기도가 무기가 되어 기도 안 하는 사람들을 믿음이 연약한 자로 치부하고 본인들은 교회에서 본이 되고 신앙생활을 잘하고 있다고 착각한다. 이럴 것이면 차라리 새벽기도 안 나오는 것이 교회 연합에 도움이 될 수 있다. 그렇다고 기도하지 말라는 뜻이 아니라 기도하는 사람이 낮아지고, 섬기고, 하나가 되는 일에 헌신해야 한다는 말이다. 봉사나, 전도나, 헌신이나, 모두 마찬가지다. 이런 신앙생활은 얼마나 큰 복인지 모른다. 그런데 이런 종교 행위가 남을 정죄하고 평가하고 멸시하는 도구로 사용하고 있다면 심각하지 않을 수 없다.

왜 이런 이야기를 하는가 하면, 우리가 이런 개인 신앙에 초점을 맞추고 교회의 연합과 한 몸을 이루기 위한 노력과 힘씀이 없는 가운데 교회가 양적 성장을 한다면, 교회의 성장은 불균형을 이루게 되고 그 불균형은 여지없이 드러나 이웃에 동일하게 이기적이고 개인적인 신앙의 삶이 드러나기 때문이다. 결과적으로 기독교가 오늘날 사회와 이웃에 손가락질을 받게 되는 상황에 이르게 된 것이다. 예를 들어 교회 다닌 지 20년이 넘었는데, 그리스도 안에서 변화도 없고 성장 없이 옛 성품으로 삶의 형태를 드러내며 이웃에 피해를 주는 일이 일상에서 나타난다면, 한 개인의 신앙적 이탈이 교회 전체에 잘못된 부정적 인식을 심어주게 되어 결과적으로 교회가 이웃에 대한 역할을 제대로 할 수 없는 상황에 이르게 된다는 것이다. 결국 교회의 균형과 조화와 통일성이 사라지고 분열과 불균형과 다툼이 일어나는 일이 발생하게 되고 그로 인해 오늘날 교회가 조화롭게 성장하는 일에 방해가 되고, 이웃에 빛을 비추는 삶을 살지 못하게 되는 것이다.

지체로 표현하자면, 오른팔만 잘 입고, 오른손만 씻고, 오른손 손톱만 정리한다면 이 얼마나 조화롭지 못하고 불균형을 이루게 되느냐는 말이다. 몸은 한 지체만을 위해 존재하는 것이 아니듯이 교회도 개인을 위해 존재하는 것이 아니라 한 몸으로서의 조화와 균형이 중요한 것이다. 그래서 신앙의 부흥은 개인의 신앙 성장으로 표현할 수 있겠지만, 예수님이 부활하셔서 우리를 교회로 부르신 관점에서 본다면 부흥과 성장은 반드시 통일성으로 나타나게 되어 있다. 즉, 한 개인의 신앙에 대한 평가를 교회가 받는다는 뜻이다. 여기까지만 읽으면 이해가 잘 안 될 수 있다. 그러나 이 책이 의도하는 것을 잘 파악하면 왜 교회가 통일성을 가지고 한 몸으로 부르심을 받았는지를 알 수 있으리라 믿는다.

우리가 신앙생활하면서 신앙의 목적이 잘못하는 일을 안 하는 소극적인 신앙생활이 최고의 목적이 되어버렸다. 그래서 '우리는 최소한 이런 짓은 안 해' 이것이 자랑이 되어버린 것이다. '우리는 우상은 섬기지 않아, 우리는 사람을 죽이지 않았어, 거짓말은 하지 않았어!' 이렇게 신앙이 부정적인 표현이 되어버렸다. 그런데 신앙은 훨씬 적극적이다. 요한계시록 2장과 3장에서 예수님이 일곱 교회를 향해 신앙의 칭찬과 분노하심의 내용이 나오는데, 항상 끝에 따라오는 것이 바로 "귀 있는 자는 성령이 교회들에게 하시는 말씀을 들을지어다."이다. 우리에게 성령이 허락되었다는 것은 하나님의 말씀이 이루어지며 그 약속이 성취될 것을 분명히 하는 보증이다. 예수 그리스도를 머리로 해서 성도들의 모임의 교회가 각 지체로 연결되어 있는 이 온전함을 이루기 위해 성령께서 지금도 일하시고 계신다. 이 일을 이루기 위해 내 안에 와 계셔서 "귀 있는 자는 들을지어다."라고 말씀하시고 그 말씀을 이루기 위해 내 안에 계셔서 지금도 일하고 계신 성령님을 확인하는 것이 성도의 특권이다. 고침과 회복을 위해 내 안에서 지금도 일하고 계신 성령님의 역사하심은 하나님이 우리를 포기하지 않으시고 끝까지 한 몸으로서의 축복된 약속을 성취하겠다는 의지이다.

우리 안에 내가 고집하고 주장하는 것이 아닌 그리스도께서 나를 주장하고 강권하기 위해 성령께서 우리 안에 와 계신다. 계시록 3장에 나오는 것처럼 라오디게아 교회에 보낸 편지와 같은 지적을 우리에게 늘 하고 있다는 것을 알아야 한다. 15절에 "내가 네 행위를 아노니 네가 차지도 아니하고 뜨겁지도 아니하도다 네가 차든지 뜨겁든지 하기를 원하노라"라고 말씀하셨다. 분명히 예수 그리스도를 믿음으로 우리 안에 그리스도께서 들어와 계시는데, 그리스도를 모신 표가 우리에게 나타나지 않고 있다. 예수님을 영접했다고 고백했는데, 내 안에 계시다고 말은 하는데 한 번도 우리 안에서 예수님이 주인 노릇을 하신 적이 없다. 그러나 성령께서 우리 안에 있다. 모두가 그리스도를 주인으로 모시고 주를 위해 일한다고 하는데 왜 다 다를까? 다르면 한 성령일 수 없지 않은가?

문제는 이것이다. 우리가 주를 위해 일한다고 하지만 주님의 다스림을 받아들이거나 우리가 주님의 통치를 신뢰하거나 의지하지 않고 있다. 맡기지 않는다. 내가 주인이 되어 내가 결정해서 주의 일을 내가 하는 것이지, 주님의 의도와 뜻 가운데 그분의 명령을 따라 하지 않는다는 말이다. 우리는 이것을 알 필요가 있다. 우리가 해야 할 일은 비우는 일이다. 즉, 세속이나 형식이나 내가 주인 된 삶이나 고집과 가치관을 버리는 일들을 해야 하고, 그다음에 하나님께서 우리에게 무엇을 채우시는가, 어떻게 사용하실 것인가 하는 것은 하나님의 뜻이다. 하나님의 결정권이다. 이런 항복이 있어야 한다는 말이다. 이런 항복이 있는가? 이런 항복을 위해 성령께서 지금도 일하고 계신다.

오늘날 우리에게 가장 큰 병이 있다면, 하나님이 천지를 창조하신 것도 믿고 심판하실 것도 믿지만 우리가 살아가는 과정 속에서, 삶의 여정 속에서는 하나님이 간섭하지 않는 것으로 되어 있다는 점이다. 그래서 우리는 신자로서 사는 삶에 대한 부분과 하나님이 우리 가운데 일하심에 대한 이야기는 별로 못 듣는다. 그러다 보니 신자로서 갖는 그 풍성함에 대해서 우리는 별로 아는 것이 없다. 그래서 성령께서 우리에게 오셔서 그 풍성함을 깨닫게 하시고 그 신비함과 거대함으로 초청하시며 그것이 하나 됨의 부르심을 통해 얼마나 엄청나게 보장되어 있는지를 확인케 하신다.

Chapter 1

구원과 한 몸

관련 성경구절: 막 16:16, 눅 7:50, 요 3:16, 5:24, 6:47, 행 15:9-11, 14:9, 15:11, 16:31, 롬 1:16-17, 롬 10, 9-10, 3:22-30,10:9-10, 고전 1:21, 15:1-4, 갈 2:16, 3:1-11, 5:4-6, 엡 1:13, 2:8, 살후 2:13, 벧전 1:9 등

구원은 칭의 구원, 성화 구원, 영화 구원으로 나뉜다. 먼저 칭의 구원에 대해 알아보자. Chapter 2에서는 성화 구원에 대해 다룰 것이다. 칭의 구원은 찰나적으로 순간적으로 주의 은혜 가운데 구원을 받는 것이다. 그리스도를 믿음으로 구원을 받는데, 사실 구원에 대해서 신학적인 논쟁이 많은 부분이기는 하지만 예수 그리스도를 믿음으로 구원을 얻는다. 그런데 이 부분에 있어서 '믿음으로 구원을 얻는다'고 할 때 구원의 주체가 '나'로 해석되는 오해를 불러 일으킬 수 있다. 그러니까 내가 믿어야 한다, 내가 영접해야 한다는 말이 틀린 말일 수는 없지만 구원의 주체는 하나님이시지, '나'가 아니라는 점에서 '믿음으로 구원을 얻는다.'라는 말은 '믿어짐으로 구원을 얻는다'라고 표현하는 것이 가장 적절할 것이다. '믿음'은 상대적이다. 상대를 얼마나 '아느냐'에 따라 믿음이 결정되기 때문에 믿음의 주체가 '나'가 아니라 '상대적'이라는 말이다. 예를 들어서 상대방이 급하다고 돈을 빌려 달라고 했을 때, 빌려줄 것이냐, 말 것이냐는 상대방의 평가에 따라 결정된다. 상대가 누군지를 알지 못하는 상황에서는 돈을 빌려줄 수는 없다. 그리고 상대에 대해 신빙성이 없거나 믿음이 안 가면 돈을 빌려주지 않을 것이다. 그런데 '얼마나 급하면 나에게까지 찾아와서 이런 어려운 말을 꺼낼까. 그럴 사람이 아닌데' 이런 생각이 든다는 것은 그만큼 상대방을 신뢰한다는 뜻이다. 그러면 돈을 안심하고 신뢰하는 마음으로 빌려줄 수 있다. 그런 것처럼 믿음은 상대에 의해 결정된다. 그래서 우리가 '믿음'이라고 할 때 상대를 얼마나 아느냐에 따라 믿음의 정도가 결정된다고 할 수 있다. 즉, 구원이란 내가 믿어서가 아니라 상대방이 누군지 알아 믿어지기 때문이다. 그런 의미에서 상대방을 얼마나 아느냐 즉, 하나님을 얼마나 아느냐에 따라 믿음의 정도가 결정된다는 말이다.

홍해는 구원사건에서 칭의 구원에 해당된다. 칭의 구원에 있어서 인간이 한 일은 전혀 없다. 아무도 하나님을 찾은 사람이 없었고 죄를 돌이키는 사람도 없었고 하나님을 떠나 죄인 된 삶을 살고 있을 때, 하나님이 예수 그리스도를 보내셔서 우리의 모든 죄를 짊어지시고 십자가에 돌아가심으로 말미암아 즉, 전적인 은혜로 인해 구원받은 것이다. 그런 관점에서 홍해사건은 이스라엘 백성들이 한 일은 전혀 없었다. 오히려 원망하고 불평하고 불안해했지, 하나님을 구하고 찾은 적도 없고 간절히 기적을 바란 적도 없었는데 하나님이 모세를 통해 구원시킨 사건이다.

이스라엘 백성들이 애굽에서 종살이 하며 바로 왕에게 묶여 있었다. 즉, 오늘날로 표현하면 세상에 붙들려 있었다는 것이다. 사람들이 죄의 노예가 된 것과 같이, 죄의 지배를 받고 죄에 속박

된 것처럼 이스라엘 백성들이 애굽의 노예의 삶을 살며, 자유가 없는 상황에서 애굽의 법안에 묶여 있었다. 그런데 이제 홍해를 건너고 난 후 광야로 나올 때는 구원 받은 하나님의 백성이 된 것이다. 종에서 자유를 얻어 하나님의 백성이 된 것같이 죄에서 종살이하고 있던 우리가 그리스도로 말미암아 자유인이 된 것과 같다. 한순간에, 일순간에, 찰나적으로 구원을 얻었고 이 구원에 있어서 우리가 노력한 적도 없고, 애써본 적도 없고, 애원해서 하나님을 찾아본 적도 없는 전적인 은혜였다. 그러므로 칭의 구원은 신분 변화를 의미한다. 애굽에서 종살이하던 노예가 홍해를 건너는 순간 하나님의 백성으로 신분이 변한 것이다. 죄에서 종노릇 하던 우리가 그리스도의 속죄 제사로 말미암아 죄의 종의 신분에서 하나님의 자녀로 신분이 변화된 것과 같다.

칭의 구원으로 신분 변화를 받아 하나님의 백성이 된 우리가 함께 모인 곳을 '교회'라고 부른다. "주 예수 그리스도는 우리의 주가 되신다"라고 고백하는 '나', '나', '나'가 모여서 교회가 되는 것이다. 그러니까 각자의 구원 받은 자들이 모여서 교회로 연합되어 이제부터 교회의 삶을 살아가야 한다는 말이다. 구원받은 우리를 각 지체로 부르시고 각 지체로서 역할을 주시며 기능을 주셨다는 것이다. 그래서 우리는 교회의 머리 되시는 주님과 '나', '나', '나'가 모인 교회가 몸이 되며 각자의 지체가 개인이 된다. 그래서 우리는 그리스도의 명령에 따라 삶을 살아가며 그 명령에 따라 움직인다는 것은 개인이 명령에 따라 살아가는 삶이지만 그것이 전체적으로 표현될 때는 교회가 주님의 명령에 따라 움직이는 것과 같다. 예를 들어 "성도가 어떻게 살아야 하는가?"라는 질문은 개인에게 주어진 질문이 아니라 교회에 관한 질문이다. 구원은 교리적으로 신학적으로 논쟁의 여지가 있음은 분명하다. 그러나 구원을 복잡하게 생각할 필요가 없다고 생각한다. 이런 우스개 이야기가 있다.

어느 청년이 술을 많이 먹었다. 술을 먹고 운전하면 안 된다는 사실을 알고 있지만 운전으로 집 거리가 5분 정도밖에 안 걸리니까 정신을 차리고 운전을 해서 가면 되겠지 하고 운전을 하면서 가는데 어질어질한 것이다. 정신을 차리려 애를 쓰는데도 잘 안된다. 그러다가 꽝하고 소리가 들리는 것이다. '아차, 큰 사고가 났구나' 하고 생각을 했는데 아프지는 않고 졸리는 것이다. 산 사람은 아프다고 고함을 지르지만 죽은 사람은 아프지 않고 졸립다는 말을 들었다. 그래서 이 청년이 슬슬 졸리는 것을 느끼면서 '이대로 죽으면 살아생전 교회도 못 가고 예배도 못 드리고 해서 지옥 갈 텐데' 그렇게 생각을 하면서 죽게 되었다. 죽었는데 이 청년이 천국 문 앞에 와 있는 것이 아닌가? 그 앞에 베드로 사도가 천국 열쇠를 가지고 문 앞에 앉아 있는데 "네 이놈 너는 당장 지옥행이다." 이렇게 말할 줄 알았는데 베드로 사도가 빙그레 웃으면서 인자한 모습으로 이렇게 말을 하는 것이다. "너 지옥 갈래, 천국 갈래." 이게 웬일인가? 자기 보고 선택을 하라니 말이다. 그래서 이 청년이 이왕 선택할 거 같으면 먼저 구경이나 한 번 하고 선택을 해야겠다는 생각이 들어서 베드로 사도에게 이렇게 말한다. "이왕 자비를 베풀어 주실 것 같으면 천국과 지옥 구경 한 번 하고 선택하면 어떨까요?" 그래서 베드로 사도가 허락을 했다. 첫 번째로 이 청년이 천국에 갔는데 천국이 너무 좋은 것이다. 은은한 찬송 소리와 깨끗한 마음이 유지되면서 기쁨이 샘솟는 것이 정말 좋았다. 그런데 얼마 동안 천국에서 생활하다 보니까 갑갑하고 무료하고 별 신나는 일이 없는 것이 아닌가! 늘 은은한 찬송 소리에다가 마음에는 기쁨이 있지만 재미가 없었다. 그래서 '지옥은 어떤 곳일까!' 하는 생각이 들어 지옥도 한번 구경하고 결정하자는 생각에 베드로의 허락을 받아 지옥 구경을 갔다. 그런데 지옥은 술집도 있고 고막이 터질 것 같은 음악 소리에다가 거리는 비틀거리는 사람들로 북적거리고 영화관과 오락실 등이 즐비한 것이다. 조금 시끄럽기는 하지만 여기는 신바람 나게 놀 수도 있고 심심하지도 않을 것 같고 해서 지옥으로 결정을 했다. 그리고 베드로 사도에게 찾아가서 "지옥에 가겠습니다. 지옥이 제 체질인 것 같습니다." 이렇게 말했다. 그래서 최종적으로 지옥으로 결정했다. 이제 천사가 마귀에게 인계를 해서 지옥으로 가는데 좁은 길을 따라 산속으로 계속 가더니 이제 내리막길인 지하 밑으로 계속 내려가는 것이 아닌가? 한 참 내려가다 보니 유황불이 활활 타오르는 곳으로 이르렀는데 천사가 여기 들어가라고 하는 것이다. 깜짝 놀란 청년이 "아니 지옥 구경할 때는 이곳이 아니었습니다." 하고 말하니까 천사가 하는 말이 "관광 비자를 가지고 왔을 때와 영주권을 취득했을 때와는 다르지." 하더란다.

천국 체질이 있고 지옥 체질이 있다는 뜻은 아니다. 하지만 생명이 있고 생명이 없고의 차이가 사람의 속성을 다르게 만든다. 예를 들어 구원을 받지 못한 자들에게 예배는 정말 힘든 일이다. 차라리 나가서 노동을 하는 것이 훨씬 낫다고 생각할 수 있다. 구원받지 못한 사람들은 세속에 물들어 세상 것의 즐거움으로 사는 자들이다. 그런데 구원받는 자들, 생명이 있는 자들은 혹시 죄를 지을 수 있지만 죄 속에 집을 짓고 살지는 않는다. 죄 때문에 괴로워하고 견딜 수 없어 회개하며 정결함을 받아야 평안이 찾아온다. 구원을 이런 것으로 나누어 생각해 볼 수 있다는 말이다. 그러니까 하나님의 통치 아래 그분과 연합되어 있어서 그분의 말씀이 달고 그분의 뜻을 이루는 것이 감사와 축복이라 생각하는 그리스도인, 하나님 자녀의 특징은 분명히 다르다고 할 수 있다. 결론적으로 구원받은 자들은 생명이 있고, 그 생명은 교회와 연합되어 한 몸으로 초청받고 있다. 찰나적으로 순간적으로 구원을 받는 칭의 구원의 특징은 신분의 변화에 있다. 신분 변화는 어떻게 표현되고 어떻게 증명되는가 하는 것은 교회로 부름을 받아 한 몸으로의 연합을 통해 나타난다.

Chapter 2

성화로서의 한 몸

칭의 구원 다음에 성화 구원이다. 이제 그리스도로 말미암아 새롭게 태어난 각자는 '성장'하는 삶을 살아야 한다. 이 성장이 바로 교회를 통해 이루어져야 한다는 것을 절대로 잊어서는 안 된다. 서로 연합되어 있고 유기체적으로 연결되어 있는 한 몸이다. 그러므로 성장도 개인적인 성장으로 이해할 수 있지만, 결국 교회를 통해 훈련받고 연단 되어 나오는 성장이다. Chapter 3 지체로서의 한 몸에서 상세하게 설명하겠지만 한 지체만 성장할 수는 없다. 각 지체가 동일하게 성장해야 온전한 성장으로 나타나게 되어 있다는 점을 분명히 해야 한다.

성장은 믿음의 성장을 말한다. 믿음은 하나님을 아는 것이다. 그러면 성장은 결국 하나님을 아는 것으로서의 성장이다. 하나님을 알기 위해서는 하나님을 구하고 찾아야 한다. 하나님을 구하고 찾기 위해서는 하나님과 친밀한 교제와 교통 가운데 사귐이 있어야 한다. 사귐이 있을 때 하나님의 영광을 보게 되는데, 그 하나님의 영광은 하나님의 임재를 말한다. 하나님의 임재는 생명이다. 그 생명은 이웃으로 흐르는 생명인데, 이 생명은 결국 '하나님의 일하심'을 보는 것이다. 결국 성장은 하나님을 점점 명확하게 아는 것인데 하나님을 앎으로 더 선명하게 하나님의 일하심을 보는 역사를 이룬다. 즉, 교회는 하나님을 아는 믿음을 통해서 하나님을 설명하고, 하나님을 세상에 보여주고, 예수 그리스도를 존귀하게 드러내며, 하나님의 '영광'을 나타내는 일들을 해야만 한다.

홍해사건을 통해 칭의 구원에 관해 설명했다. 이제 광야사건을 통해 성화 구원에 관해 설명을 하고자 한다. 광야에서 삶은 하나님의 백성으로 빚어지는 삶이다. 그래서 광야에서 반드시 연단과 훈련의 장소로 부름을 받았다는 사실을 먼저 이해야 한다. 왜 광야에서 연단과 훈련을 반드시 받아야 하는가? 하나님이 광야로 인도했던 목표는 어디인가? 바로 가나안이다. 그러면 가나안이 어떤 곳인지 알 필요가 있다. 가나안은 점이 지대로 되어 있다. 점이 지대란 두 개의 중요한 지역 사이에 끼어 있다는 뜻이다. 그러니까 고대 메소포타미아지역에서 큰 문명이 두 개나 발생했다. 하나는 메소포타미아 문명, 그러니까 가나안 땅의 동북쪽에 있는 유프라테스, 티그리스강 유역에서 일어난 바벨론 문명이다. 또 하나는 가나안땅 밑에 있는 북아프리카에서 나일강 유역의 나일강 문명, 그러니까 이집트 즉, 애굽이다. 이 큰 두 문명이 있다. 역사적으로 보면 메소포타미아에서 유프라테스, 티그리스강을 중심으로 한 바벨론 왕국이 일어나서 통일을 이루고, 힘이 세지면 애굽으로 진출하려고 하는 것이다. 반대로 나일강 문명의 애굽왕국이 통일을 이루고 힘이 세지면 바벨론지역으로 진출하려고 한다.

    그런데 서로 목적하는 대로 군사를 이끌고 진격할 때 반드시 거쳐서 지나가야 할 땅이 있는데 그곳이 바로 가나안 땅이다. 그러니까 가나안 땅은 이 큰 두 세력이 목적을 달성하기 위해 서로 진출할 때 하나의 통로가 되는 것이다. 그래서 가나안 사람들은 개방적일 수밖에 없다. 살기 위해서는 저항하지 않고 받아 드려야 하기 때문이다. 예를 들어 세겜지역에서 하몰의 아들 세겜이 디나를 겁탈했을 때도 이왕 일이 이렇게 되었으니 "결혼시키자"라고 제안 했을 때 야곱 가족들은 세겜사람들 모두가 할례를 받아야 결혼을 승낙할 수 있다고 했다. 그랬을 때 쉽게 '그래 받을게' 이렇게 나온 것이다. 그러니까 가나안은 혼합 주의가 굉장히 성행했던 곳이다. 예수님 당시 두로와 시돈 지역이 등장하는데 그곳은 페니키아라는 곳이다. 고대문명이 일어났던 곳이요, 알파벳이 만들어지고 상업 무역이 아주 흥행했던 곳이며, 지중해 문명이 크게 번성했던 곳인데 이렇게 상호 간의 왕래가 잦아짐으로 자연히 서로 간의 문화가 뒤섞여서 문화가 굉장히 혼탁했다. 그러니까 악의 도성이 될 수밖에 없었다. 그러다 보니 자연적으로 외부에서 흘러 들어오는 사람들에 대해 배타적이지 않았다. 아무나 받아들인 것이다. 그러다 보면 신앙의 순수성을 지키기가 굉장히 어렵지 않겠는가? 그리고 가나안을 보면 전 세계의 모든 잔인하고 추악한 우상과 죄는 여기서 다 나온다고 봐야 한다. 몰록에게 자기 아들을 받치고, 동성애가 판을 치는 죄악의 도성이 되었다. 소돔과 고모라도 가나안 땅임을 알아야 한다. 여기에 살고 있는 12 족속 중에 대표되는 족속이 바로 아모리 족속이었다.

그러므로 하나님만 섬기며 하나님의 도성을 세우기 위해서는 철저한 훈련과 연단이 필요했던 것이다. 그래서 가나안 땅을 차지하기 전, 요단강 앞에서는 하나님은 성장한 믿음, 확고한 믿음을 요구하게 된다. 성장한 결과를 요단강에서는 보여야 하기 때문이다. 요단강 사건을 통해 성화의 과정을 구체적으로 설명해보자. 이스라엘 백성들을 광야에서 40년 동안 훈련받았는데 드디어 요단강가에 이르게 되었다. 여호수아 3장 7절을 보면 "여호와께서 여호수아에게 이르시되 내가 오늘부터 시작하여 너를 온 이스라엘의 목전에서 크게 하여 내가 모세와 함께 있었던 것같이 너와 함께 있는 것을 그들이 알게 하리라" 하셨다. 하나님은 모세와 항상 함께했고, 또한 여호수아 때도 항상 함께했음을 말씀하고 있다. 그리고 이스라엘 백성들이나 열방을 향해 모세나 여호수아와 함께하신 하나님의 영이 열방 가운데 하나님의 뜻을 이룰 것임을 하나님의 백성이 알게 할 것이라고 말씀하신다.

수 3:13   온 땅의 주 여호와의 궤를 멘 제사장들의 발바닥이 요단 물을 밟고 멈추면 요단 물 곧 위에서부터 흘러내리던 물이 끊어지고 한 곳에 쌓여 서리라

가나안땅으로 진격하기 위해서 요단강을 건너야 한다. 그런데

요단강의 방법은 홍해의 방법과 다른 방법이다. 이스라엘 백성들이 하나님을 잘 몰랐을 때와 지금은 연단과 훈련을 받고 가나안 땅을 차지하기 위해 가는 여정에서 이스라엘 백성들의 신앙은 달라야 하고 시련과 시험도 훨씬 달라야 하기 때문이다. 요단강 사건은 성화 구원에 속하기 때문에 길게 설명하고 있다. 구원받은 자가 어떻게 하나님 자녀의 삶을 살아갈 것인가, 어떻게 하나님의 성품으로 빚어지며 성장해야 하는가 하는 오랜 세월을 통해 그리스도인으로 만들어지는 것을 의미한다. 왜 요단강에서는 성장 된 믿음, 실천적인 믿음을 요구하는가 하는 것은 이스라엘 백성들이 가나안을 정복하고 그들의 우상과 쾌락과 흉악한 죄악을 이기며 하나님 나라를 세워야 하는 막중한 사명이 있기 때문이다. 그리고 동시에 요단강을 건너는 이스라엘 백성들을 통해 가나안에 하나님이 과연 누구신가를 보여 주어야 하기 때문에 홍해보다 훨씬 실천적 믿음을 요구하는 것이다. 여호와의 궤를 맨 제사장의 발바닥이 요단강물을 밟자 요단강물이 갈라지면서 마른 땅이 드러나고 강물이 마른 것은 요단강을 마르게 하심으로 요단강에 있는 가나안땅의 주인은 여호와이심을 만방에 드러내는 일들을 위해서도 요구된 믿음이다.

하나님의 임재 가운데 이스라엘 백성들이 요단강을 건너는 것에 세 가지 내용을 포함하고 있다. 첫째, 이스라엘 백성들의 믿음이다. 가나안에 들어가서도 하나님만을 의존하고 하나님만을 구하고 찾는 자로 성장하는 것이다. 둘째, 하나님이 누구신가를 만천하에 보여주는 사건입니다. 가나안 인들이 볼 때 요단강을 제사장이 궤를 매고 요단강물에 닿자마자 물이 갈라지고 마르는 사건은 이스라엘 하나님이 살아계신 하나님이시며 온 땅의 주인이라는 사실을 인정하지 않을 수 없는 사건인 것이다. 셋째, 이스라엘 백성들을 임재 가운데 이끄신 이유는 이스라엘을 통해 가나안의 죄악을 심판하신 것이다. 가나안 땅은 하나님이 약속하신 땅이다. 반드시 이스라엘에 주실 것이다. 그런데 때가 안 되었다는 말인데, 때가 안 되었다는 것은 이중적인 구조로 나타나는 부분이기도 하지만 이스라엘 백성들에게도 땅을 차지할 준비가 안 되었던 것이다. 그리고 400년을 기다린 이유는 바로 가나안의 아모리 족속의 죄가 관영치 못한 상태였기 때문이다. 여기서 보면 아모리 족속이 죄악이 차고 넘쳤기에 하나님이 이스라엘 백성들을 통해 오염된 백성들의 죄로 물들어 있는 땅을 깨끗하게 하는 것이다. 그러기 위해서는 반드시 이스라엘 백성들은 연단과 훈련을 받아 성화의 위치에 있어야 한다.

하나님만 섬기며 하나님의 도성을 세우기 위해서는 철저한 훈련과 연단으로 인해 성화의 위치에 있어야 가능하다. 요단강 사건을 통해 우리가 알아야 할 것은 성화의 삶을 살지 못하면 하나님의 뜻을 이룰 수 없다는 것이다. 하나님의 생각과 사람의 생각, 하나님의 길과 사람의 길은 다를 수밖에 없다. 창조주와 피조물의 생각이, 선하신 하나님과 불의한 사람의 생각이 같을 수 없다. 왜냐하면 타락한 사람은, 생각이 오염되어 있고 감정과 의지도 오염되어 있기 때문이다. 그래서 우리는 하나님의 창조적 세계관을 알고 그분을 의지하고, 그분의 뜻을 따라야 하나님의 세계관 속에서 행복이 무엇이며, 감사가 무엇인지를 알 수 있다. 우리가 분명히 알아야 할 부분은 하나님을 알면 알수록 우리는 하나님의 뜻에 맞추는 삶을 살아갈 수밖에 없는 것이다. 이것이 성화의 삶을 살아가는 이유다. 하나님을 안다는 것은 하나님의 약속을 안다는 뜻이며, 하나님이 우리의 소원을 두고 행하심을 아는 것이다. 그리고 이런 성장한 믿음, 성화의 믿음으로 세워져야 가나안에서 하나님 나라를 세울 수 있을 뿐만 아니라 하나님을 떠나 우상을 섬기며 죄악 된 삶을 살지 못하기 때문이다.

그런데 이런 연단과 훈련을 받아서 가나안으로 이스라엘 백성들이 들어왔다. 그리고 하나님이 이스라엘 백성들에게 가나안 인들을 다 쫓아내라고 말씀하신 그 이유를 먼저 우리는 알아야 한다. 뿐만 아니라 하나님은 가나안을 '진멸'하라는 말씀을 여러 차례 하셨는데 하나님이 이처럼 잔인하신 하나님이신가로 이해할 것이 아니라 이들을 심판하시는 하나님, 악한 세력과 결탁하지 못하게 하시는 하나님, 악한 세력을 쫓아내고 하나님 나라를 세우시기를 원하시는 하나님으로 이해해야 한다. 그런데 이들은 하나님만 의지하는 훈련을 받았음에도 불구하고 가나안 인들을 쫓아내지 않았다. 일부 남겨둠으로 인해 나타나는 화근은 두고두고 이스라엘 백성들을 괴롭혔던 것을 성경을 통해 확인할 수 있다. 이 말씀을 통해 우리가 알아야 할 것은 연단과 훈련은 계속해서 영화에 이를 때까지 받아야 한다는 사실이다. 다시 말해서 죽을 때까지라는 말이다. 성화의 삶은 반드시 연단과 훈련의 과정을 통해서 이루어진다. 성화의 삶이 연단과 훈련 없이 이루어지는 법은 없다. 그러므로 하나님은 성화의 삶을 위해 고난과 훈련을 시키고 계심을 우리는 잘 알아야 한다.

하나님은 인생의 과정에서 자녀에게 교회를 통해 약속한 그 약속은 반드시 성취하신다. 하나님을 알고, 만남으로 출발되는 인생 여정에 하나님의 약속을 볼 수 있고 성취할 수 있다면, 하나님이 의도하는 길이 우리에게는 막히고, 답답하고, 고난과 환난이 있다고 하더라도 하나님이 우리의 인생에 소망과 즐거움을 주심을 알고 맡기는 삶은 연단과 훈련의 성화 과정에서 이루어지는 것이다.

고후 4:17-18 우리가 잠시 받는 환난의 경한 것이 지극히 크고 영원한 영광의 중한 것을 우리에게 이루게 함이니 우리가 주목하는 것은 보이는 것이 아니요 보이지 않은 것이니 보이는 것은 잠깐이요 보이지 않은 것은 영원함이라

잠시 받은 환난의 경한 것이 지극히 크고 영원한 영광의 중한 것을 우리에게 이룬다. 이것이 하나님이 우리 인생에 간섭하셔서 일어나는 환난이다. 그런데 우리가 생각할 때, '환난을 통해서만 훈련되고, 환난으로 인해서만 성화를 이룰 수 있는가?' 하는 의

문을 품을 수 있다. 좋은 것을 얻고 사람들 앞에 박수를 받는 기쁨으로도 하나님이 살아계시며 그분께 엎드릴 수 있는데, 좋은 말로 해도 알아듣는데 굳이 이렇게 해야 되는가? 하는 것이다. 그런데 모든 영적인 것, 거룩한 것, 생명과 진리에 속한 것이 인간에게는 없다. 그리고 세상에도 없다. 그것은 오롯이 하나님께만 있다. 인간은 인간의 한계를 직면하지 않는 한 하나님을 찾지 않는 속성이 있다. 그래서 환난이 필요한 것이다. 인간의 본성이 악하므로 환난이 아니면 하나님께 나오지 않는다. 그래서 하나님은 인간을 향해 한계점에 이르게 하는 것이다. 인간은 한계를 보지 못하고 한계를 느끼지 않는 한 하나님을 찾지 않는다는 것이다. 환난을 통해 한계를 보게 하고 또 우리가 한계를 만나야 하나님을 부르고, 하나님을 만나야 우리는 한계를 벗어나 하나님의 능력과 하나님의 안목과 하나님의 약속과 그리고 거기에만 있는 생명과 거룩과 진리와 영혼을 만나게 된다. 이것이 없으면 우리는 하나님을 찾을 일이 없고 하나님을 찾지 않는 한 우리는 영원토록 어리석음과 헛된 것과 썩어질 것 속에서 눈 감고 살게 된다.

   우리는 주를 찾을 필요가 없을 만큼 하나님과 멀어져 있는 상태이다. 천국을 못 가도 좋으니 우리 자녀들을 좋은 대학 보내 달라고 보챈다. 그래서 우리의 인생에 그 망발과 그 눈감은 욕심을 회복시킬 수 있는 길을 하나님은 선택하신다. 그것이 바로 성화를 위한 고난이다. 성화를 통한 교회의 한 몸으로 초대를 받는 일이 얼마나 신비하며 충만한지를 모르기 때문에 환난이 필수적인 것이다. 우리는 이런 죄악 된 삶이 내재 되어 있는 세상에서 가나안과 같은 우상의 도성에서 하나님이 세우신 교회를 통해 영광을 받으시기를 원하는 그 뜻을 알아야 하는데 우리에게는 그런 분별력도 능력도 없다. 구원을 받은 우리를 한 몸으로 부르셔서 교회로 세우셨다. 그리고 교회를 통해 내 인생에 간섭하시어 내 욕심을 막으시고 썩어질 것을 따르는 우리의 본성을 막으시는 것을 온전히 기뻐해야 한다. 이런 일들을 통하여 우리 안에 거룩한 것이 만들어지게 되고 교회를 통해 받는 연단과 훈련의 성화 과정으로 세상을 구원하는 사명을 완성할 수 있다. 우리는 구원을 받아 그리스도가 머리 되시는 교회로 연합되었다. 각 지체가 연합되어 한 몸으로 초대를 받았다는 것이다. 우리는 그 나라를 소망하며 이 땅에서 하나님의 법으로 거룩한 삶을 살아가야 할 의무와 책임이 교회에 있다는 것을 명심해야 한다. 그래서 성화를 위한 고난을 기쁨으로 받아들이는 것이다.

정리를 하면, 세상은 가나안과 같다. 이런 세상에서 교회가 어떻게 세상에 빛이 되고 소금의 역할을 하며 그들 앞에 하나님을 설명하고 예수 그리스도를 존귀히 보여줄 수 있느냐 하는 과제가 남아 있다. 그래서 세상에서 유행과 세속에서 벗어나기 위해 우리는 몸부림치며 연단과 훈련을 받아야 한다. 각자 지체를 섬김으로, 사랑함으로, 이해와 용서와 용납함으로, 다듬어지고 녹아내리고 빚어져서 세상에서 구별된 삶을 살아감으로 교회가 온전히 세상에서 구원의 역할을 잘 감당해야 한다.

Chapter 3

지체로서의 한 몸

교회는 그리스도가 머리 됨과 성도들이 모여 교회 몸이 되며 각자는 지체로 유기체적으로 연합되어 있다. 한 몸은 지체의 연합이며, 지체는 그 연합의 한 일부에 속한다.

1. 지체의 기능은 무엇인가?

지체는 연합되어 서로 도우며 세우는 역할을 한다. 이런 역할은 서로 짐을 지고 가는 것을 가능하게 한다.

> 갈 6:1-5 형제들아 사람이 만일 무슨 범죄한 일이 드러나거든 신령한 너희는 온유한 심령으로 그러한 자를 바로잡고 너 자신을 살펴보아 너도 시험을 받을까 두려워하라 너희가 짐을 서로 지라 그리하여 그리스도의 법을 성취하라 만일 누가 아무것도 되지 못하고 된 줄로 생각하면 스스로 속임이라 각각 자기의 일을 살피라 그리하면 자랑할 것이 자기에게는 있어도 남에게는 있지 아니하리니 각각 자기의 짐을 질 것이라

여기는 두 가지 기능이 있다. 첫째는 2절 "짐을 서로 지라"와

5절 "각각 자기 짐을 지라"이다. 상반된 것이 아니라 연결되어 있다. 1절과 4절도 상반된 것이 아니라 연결되어 있다. 1절은 먼저 고치고 회복시키고 하는 일들에 대해서 "서로 짐을 지라"는 말이다. 5절에 "각각 자기 짐을 지라"는 것은 지체가 온전케 되어서 그리스도의 법을 성취하며, 장성한 분량으로 성장하는 일들이 있어야 한다는 뜻이다. 이것이 반복적으로 사이클처럼 계속 돌아가야 한다. 그러니까 서로 회복을 위해 짐을 지라는 것이다. 그리고 회복 후에 장성한 분량으로 성장하는 일들을 해야 한다. 이것이 교회가 연합되어 지체들이 감당해야 할 일인데, 이런 일들이 교회에서 지속적으로 또한 반복적으로 일어나야 한다. 다시 말해서 교회가 지속적으로 서로 짐을 지며 고침과 회복의 역사가 일어나야 하고 동시에 성장하는 은혜가 있어야 한다. 고침과 회복은 지체의 한 부분으로 이해해서는 안 된다. 왜냐하면 손가락을 다쳤으면 손가락만 아픈 것이 아니라 전체가 아픈 것이다. 그러므로 전체가 신경을 써서 아픈 곳을 고치고 회복하는데 전력을 다해야 하는 이유가 여기에 있다. 지체는 한 곳이 아픈 것이 아니라 전체가 통증을 느끼게 되어 있기 때문에 온몸이 한 지체의 고침과 회복을 위해 신경을 써야 한다.

　전체의 성장도 우리가 생각할 때 개인의 성장으로 이해하고 있지만 사실은 성장을 전체의 성장으로 이해해야 한다. 왜냐하면 지체는 한쪽만 성장하는 경우가 없기 때문이다. 예를 들어 두 귀가 있는데 한 쪽 귀만 성장할 수는 없다. 두 다리가 있는데 한쪽 다리만 성장한다면 어떻게 되겠는가? 온전한 지체로 성장하기 위해서는 전체가 성장해야 한다는 뜻이다. 성도들도 이와 마찬가지로 전체가 성장해야 온전한 교회로서 제 기능을 감당할 수 있다는 뜻이 된다. 그래서 교회가 온전케 되기 위해서는 두 가지 일이 일어나야 한다.

> 엡 4:12   이는 성도를 온전하게 하여 봉사의 일을 하게 하며 그리스도의 몸을 세우려 하심이라

정리하자면 온전케 되기 위해 첫째, 치료, 고침, 회복, 자기 기능을 발휘할 수 있도록 해야 한다. 둘째, 이렇게 온전케 되도록 고치고 치유하고 나면 이제 그리스도의 법을 성취하고 장성한 분량까지 성장해야 한다. 이 두 가지가 교회에서 계속 일어나야 한다. 이것이 교회에서 반드시 반복되면서 일어나는 일이다. 성도들의 고침과 회복이 일어나면 이제 서로 연합되어 성장하는 일들이 계속 교회에서 나타난다.

코로나로 인해 교회가 많은 위기에 놓여 있음을 경험했다. 앞으로 교회가 어떤 위기가 닥칠지 모른다. 차별금지법, 인권조례법 등이 끊임없이 국회에서, 지자체 의회에 상정되고 있다. 그리고 이단들이 득세할 때가 얼마나 많은가? 예를 들어 신천지가 그랬고 신천지가 사그라들면 또 다른 이단들이 득세한다. 교회가 이런 여러 가지 위기를 어떻게 이길 수 있는지는, 이 원리만 적용

하면 큰 문제가 없다고 생각한다. 다시 한번 강조하지만 코로나 사태가 발생한 이후에 온라인예배가 대세라고 생각하고 온라인 예배를 권장하는 분들이 늘어나고 있다. 물론 코로나와 같은 위기로 말미암아 인공지능을 장착한 로봇이나 우주개발이 본격화된 것은 사실이다. 그러나 아무리 시대가 변화되었다고 해서 성경까지 바뀔 수는 없다. 대중화된 목사들, 원로 목사들이 인터넷 온라인예배를 부추기고 있다. 그렇다면 적어도 에베소서는 성경에서 빼야 한다. 개인적으로 또는 가족별로 가정에서 예배를 드리는 것에 대해 신학적으로, 교리적으로 시비를 걸 마음은 없다. 물론 일시적으로는 드릴 수밖에 없는 상황이 오면 드려야 한다. 그런데 온라인예배를 지속적으로 드려야 한다든지, 온라인예배가 대세라고 주장하는 것에는 반대다. 왜냐하면 성경에 위배 되기 때문이다. 에베소서 4장 12절 말씀처럼 성도를 온전케 하는 일과 그리스도의 몸을 세우는 일을 할 수 있도록 하는 것과 고침과 회복 그리고 각자 기능을 발휘할 수 있도록 교제하는 일과 더불어, 함께 성장하는 일이 교회에서 일어나야 한다. 어떻게 한쪽 팔만 성장하고 다른 지체는 성장하지 않아도 정상적인 몸이라고 할 수 있단 말인가? 그러므로 온라인예배는 일시적으로 상황에 따라 드릴 수는 있지만 교회로서 기능과 역할을 전혀 할 수 없기 때문에 교회가 온라인예배로 전환해서는 안 되는 일이다.

엡 4:16　그에게서 온 몸이 각 마디를 통하여 도움을 받음으로 연결되고 결합되어 각 지체의 분량대로 역사하여 그 몸을 자라게

하며 사랑 안에서 스스로 세우느니라

서로 도움을 받아야 함께 성장할 수 있다는 것을 기억해야 한다. 절대 지체는 떨어져서 혼자 성장할 수 없고 전체도 성장할 수 없다. 오히려 지체가 떨어져 나가면 그 지체는 죽고 만다. 살 수가 없다. 나무에서 가지가 떨어져 나가면 가지는 금방 말라 죽고 만다. 가지가 나무로부터 영양분을 공급받지 못하기 때문이다. 그러므로 지체는 연합되어 함께 마디를 통해 공급함을 받으므로 성장할 수 있는 것이다. 예를 들어 '입'이 맛있는 음식을 즐기는데, 이것을 본 '손'이 불쾌해서 이제부터 음식을 입에 넣어주지 않겠다고 하면 어떻게 될까? 같이 죽는 것이다. 음식을 먹지 못하면 힘이 사라지고 나약해져서 그 영향은 고스란히 '팔'에 '손'에 가게 되어 있다. 이처럼 함께 연결되어 있다는 것을 명심해야 한다.

2. 지체는 필요하지 않은 곳이 없다

지체는 필요하지 않은 곳이 없다. 귀 안의 달팽이관 쪽 아래에는 현미경으로만 볼 수 있는 미세한 털 세포가 있다고 한다. 이것은 24시간 바깥쪽으로 움직이는데 사람이 살아 있는 한 계속 안에서 바깥쪽으로 움직인다. 만일 현미경으로만 확인할 수 있는 이 미세한 털이 없다면 어떻게 될까? 아마 미세한 먼지가 쌓여 귀가 막혀서 들을 수가 없을 것이다. 사실 이 미세한 털이 안에서 바깥으로 움직이며 안으로 들어오는 먼지를 밖으로 내보냄으로 귓밥을 만든다고 한다. 이처럼 현미경으로만 확인해야 할 미세한 털조차 없으면 심각한 일이 발생하게 되어 있다. 발톱이 없으면 어떻게 될까? 발톱은 양말을 신고, 또 신발을 신고 다니기 때문에 하찮게 여기거나 불필요하다고 생각할 수도 있다. 그래서 발톱을 다 빼버렸다고 치자 그러면 어떻게 될까? 사실 살이 찌고 배가 나온 사람들은 발톱 깎기가 얼마나 힘든지 모른다. 그래서 발톱은 별 필요 없는 부분이라고 생각할 수 있다. 그런데 발톱이 없으면 점프를 할 수 없다. 뛰어갈 수도 없지만, 급하게 정지할 수도 없다. 생활의 불균형을 이룰 뿐만 아니라, 얼마나 불편한지 모른다.

이 부분을 몸의 지체로 적용해 보자. 첫째, 성도 중에 필요 없는 역할은 없다는 것을 알아야 한다. 하나님이 천지를 창조하시고 인간을 창조하셨을 때, 무익한 지체는 없다. 다 귀하고 쓸모가 있어서 창조하셨다. 둘째, 성도 중에 중요하지 않는 역할은 없다. 사람의 지체 중에 하나라도 없으면 '장애'가 된다. 손톱 하나라도 없으면 무엇인가 불편할 수밖에 없다. 셋째, 내가 판단해서 일부분은 없어도 생활하는 데 지장이 없을 것으로 생각할 수 있다. 쓸개는 불필요하니까 떼어 내어도 된다고 의사들이 쉽게 이야기를 해왔고, 대부분의 의사들이 그렇게 생각한 적이 있다. 그런데 요즘은 위험하지 않은 이상은 쓸개를 떼어내라고 권면하지 않는다. 마찬가지로 우리가 생각할 때는 저분은 너무 교회를 힘들게 하는

데 다른 데로 갔으면 좋겠다고 생각하는 경우가 있는데, 혹시 다른 곳으로 떠나도 대신 이런 분들이 교회에서 나오게 되어 있다. 왜냐하면 그것도 일부의 지체이기 때문이다. 교회에서 필요하기 때문에 지체로 세웠다는 인식을 해야 한다. 그러므로 우리는 교회에 소속되어 있는 모든 성도는 나와 연결되어 있는 지체로 인식하고 함께 가야 한다.

1) 불평하는 지체가 없어야 한다

지체는 서로가 더 많이 일을 한다고 생각할 수 있다. 팔이 귀보다 더 많이 일을 하고, 다리가 팔보다 더 일을 많이 하고, 눈이 손가락보다 더 많이 일을 한다고 생각할 수 있다. 그런데 이 모든 지체는 은사대로 역할이 배정되어 있다는 것을 먼저 알아야 한다. 이것은 누가 일을 더 많이 하고, 누가 일을 덜 하고의 문제가 아니다. 맡은 역할을 잘하고 있느냐, 충실히 하고 있느냐 하는 문제이다. 왜냐하면 손이 하는 일은 다리가 하는 일과 연결되어 있고 눈이 하는 일은 손가락이 하는 일과 연결되어 있다. 다리가 목적지로 가는 동안 손이 할 일이 있고, 눈이 잘 볼 수 있어야 손가락으로 무엇인가 집을 수 있다. 그러므로 서로 보완하며, 보충하며 함께 일을 하는 것이지, 한 지체만이 일을 할 수 없도록 구조적으로 되어 있다.

이와 같이 성도의 지체 관계에서도 이런 현상이 나타날 수 있다. 내가 저 성도보다 일을 더 많이 한다는 생각과 더불어 내가 없으면 이 교회는 문제가 클 것이라는 생각이다. 중요한 것은 더 많은 사역을 하는 것으로 인해 기쁨으로 이해하면 되는데, 원망과 불평을 쏟아 낸다면 교회가 연합하는데, 교회가 주님의 부르심에 목적을 성취하는 일에 많은 지장을 초래할 것이다. 분명한 사실은 각 지체가 있음으로 인해 내가 일을 할 수 있고 사명을 감당할 수 있다는 생각을 해야 한다. 어떤 분이 청소를 해 놓았기 때문에 청결함으로 예배를 드릴 수 있고 찬양도 기쁨으로 드릴 수 있는 것이다. 나는 찬양으로 섬기고 있다면, 앰프나 마이크 시설을 위해 수고하는 분들로 인해 내가 마음 놓고 하나님께 찬양을 올릴 수 있는 것이 아닌가? 누가 식사를 준비해 주었기 때문에 식사를 통해 교제도 일어나고 서로 함께 친밀한 관계를 회복하는 길이 열린다. 문제는 누가 더 많이 일을 하느냐가 중요한 것이 아니라 은사대로 지체들이 해야 할 역할을 잘하고 있는 것으로 함께 기쁨을 누려야 한다는 것이다.

2) 지체가 서로 자신으로 이해해야 한다

버릴 수 없고, 소홀히 할 수 없고, 싸울 수 없고, 분리할 수 없다. 지체는 이런 원리를 가지지 않으면 지체로서 역할이나 연합은 기대할 수 없다. 지체 한 사람이 필요 없다고 버린다고 하자, 그러면 온전한 몸은 이루어질 수 없는 심각한 일이 발생한다. 어떻게 함께 한 몸으로 세워진 지체를 떼어내 버릴 수 있다는 말인가? 성도들을 보는 관점이 이렇게 적용되어야 한다. 성도들은 절대로 떨어질 수 없고 떠나보낼 수 없다는 것을 안다면 서로 대하는 자세가 내 몸처럼 대하는 자세로 바뀔 것이고, 교회의 자녀들을 볼 때 내 자녀처럼 대할 것이며, 교회의 어른들을 볼 때 내 부모처럼 공경하게 될 것이다. 이것이 교회의 연합이며 한 몸의 원리이다. 그래서 서로 소홀히 할 수 없다는 말을 하게 된다. 어느 지체가 아프면 모든 지체가 아픈 지체에게 신경을 쓰게 된다. 그렇게 될 수밖에 없는 것처럼 한 성도가 아픔을 당하거나 어려움을 당하면 성도들이 한 지체의 원리로 적용되어야 한다는 것이다.

또한 서로 싸울 수 없다. 어떻게 서로 싸울 수 있는가? 싸움이 성립이 안 된다. 어떻게 다리와 손이 싸울 수 있으며, 입과 혀가 싸울 수 있으며, 눈과 코가 싸울 수 있겠는가? 싸울 수도 없고 싸움이 일어날 수도 없다는 것이 지체의 원리인데 이 원리가 성도들에게 그대로 적용되어야 한다. 그런데 왜 성도들이 서로 싸우는가? 왜 서로 이간질하게 하고 험담하고 분리하고 나누고 하는 일들이 교회에서 일어나고 있는가? 이 점에서 우리는 한 몸의 원리를 분명히 하고 한 몸의 원리로 연단과 훈련을 받고 성도들이 연합되기 위해 서로 기도하며 애를 써야 한다. 그렇게 해야 하나님이 원하시는 교회가 세워질 수 있다는 것을 잘 알아야 한다.

또한 서로 정당함을 주장할 수도 없다. 지체는 자신을 위해 존재하지 않는다고 했다. 전적으로 다른 지체를 섬기는 것으로 지체가 세워졌다. 은사도 자신을 위해 하나님이 주신 것이 아니라 사람을 섬기는 일을 위해 주신 것과 같은 이치다. 그러므로 옳고 그름을 따질 때도 나의 유익을 위한 것이 아니라 상대방의 유익을 위해 해야 한다. 성도 중에 헌금을 많이 하시는 분들이 계신다. 그래서 자랑이 되면 헌금을 하지 못하는 사람들이 상처를 받게 되어 있다. 집값이 올랐다고, 땅값이 올랐다고, 자식이 명문대학 들어갔다고 자랑을 하면 그렇지 못한 자들, 가난하거나 대학 입시에 낙방했다거나 하는 사람들이 상처받게 되어 있다. 그래서 자랑도, 옳음도 상대방을 배려하는 마음으로 하지 않은 것이 지체들의 자세이다. 예를 들어서 색소폰은 아름다운 소리를 내는 좋은 악기이다. 그런데 색소폰은 오케스트라에 함께 하지 못한다. 왜냐하면 소리가 너무 특색이 있어서 아름다운 곡을 연주하는데 화합할 수 없는 소리이기 때문이다. 마찬가지다. 아무리 옳은 소리라도 아무리 좋은 소리라 할지라도 연합을 깨는 일들이 많이 있다. 그래서 우리는 항상 연합된 지체임을 알고 서로 사랑하며 배려하는 자세로 한 몸의 원리를 지켜야 한다.

고전 13:1-3 내가 사람의 방언과 천사의 말을 할지라도 사랑이 없으면 소리 나는 구리와 울리는 꽹과리가 되고 내가 예언하는 능력이 있어 모든 비밀과 모든 지식을 알고 또 산을 옮길 만한 모든 믿음이 있을지라도 사랑이 없으면 내가 아무것도 아니요 내가 내게 있는 모든 것으로 구제하고 또 내 몸을 불사르게 내줄지라도 사랑이 없으면 내게 아무 유익이 없느니라 아무리 옳은 일과 정당한 일을 한다 할지라도 사랑이 없이 하면 모두가 다 가짜라는 말이다. 이 사랑은 자신과 같이 사랑해야 하는 대강령을 기억한다면 지체는 서로가 '나'라는 인식을 가져야 한다. 사랑의 한 몸의 원리에서 구체적으로 알아보자.

Chapter 4

성령으로서 한 몸의 원리

1. 성령의 은사로 지체가 세워졌다

엡 4:25　그런즉 거짓을 버리고 각각 그 이웃과 더불어 참된 것을 말하라 이는 우리가 서로 지체가 됨이라

　은사대로 각 지체가 세워졌다. 그래서 각 지체는 서로 대신할 수 없고, 버릴 수 없고, 서로 보완하며 연합하여 실력을 발휘할 수 있도록 되어 있다. 교회가 한 몸으로 부르심을 받아 은사대로 지체의 역할을 맡겼다. 교회는 그리스도의 몸이요, 우리는 각 지체로 연합되어 있는데, 이 내용이 얼마나 신비하며, 얼마나 어마어마한 내용인가를 우리는 이론적이 아니라 실제적으로 알아가기를 원한다. 여기서 각자 몸의 지체로서 서로 섬기고 사랑하는 것이, 우리가 흔히 성도들을 섬기고 사랑하라는 것으로 이해해서는 안 될 부분을 명확히 보여주고 있다. 지체가 각자 맡은 영역에서 서로를 위해 섬긴다는 것은 나를 섬기는 것과 동일한 것인데, 결국 그 섬김은 섬긴 만큼, 서로의 지체를 위해 헌신한 만큼 나에게 동일한 유익임을 알아야 한다. 이런 관점에서 섬기고 헌신하는 것이 각자에게 자랑이 될 수 없는 것이다. 그리고 모든 지체가

제 기능을 다 하게 되면, 지체들 모두가 온전케 되고 각자가 그리스도 안에서 교회가 든든히 세워지게 된다.

하나님이 교회를 통해서 하나님의 뜻을 나타내시고 일하시고 계신다. 그중에서 제일 중요한 부분은 이 세상의 모든 흩어진 주의 백성들을 불러 모으는 전진 기지로서의 역할을 교회를 통해 이루시기를 원하신다. 이것을 위해서 하나님이 각자에게 성령의 은사를 주신 것이다. 은사는 성령을 통해 해석되어야 한다. 성령께서 은사를 통해 일하신다. 그런 면에서 성령의 은사를 아는 것이 중요하다. 우리가 알아야 할 부분은 성령의 은사와 그리스도의 몸의 관계다. 성령의 은사를 살펴본다는 것은 성령의 사역을 보면 알 수 있다. 성령의 사역에서 중요한 요소가 성령의 은사이기 때문이다. 먼저 성령의 은사와 교회가 어떤 관계인지 알 필요가 있다. 왜냐하면 교회와 관계되어 있는 핵심적인 한 부분이 성령의 은사이기 때문이다. 우리가 성령의 은사를 이해하면서 교회와 관련해서 이해해야 올바로 은사를 이해할 수 있다. 고린도전서 12장, 14장, 로마서 12장, 에베소서 4장, 베드로전서 4장 이렇게 성령의 은사에 대해 기록되어 있는데 여기서 공통적인 부분은 교회와 은사를 연결시켜서 말하고 있다는 사실이다. 예를 들어 고린도전서 12장 11-12절 "이 모든 일은 같은 한 성령이 행하사 그의 뜻대로 각 사람에게 나누어 주시는 것이니라" 이 말씀은 그리스도의 몸 즉, 교회와 연결시켜서 말씀하고 있다는 것을 알 수 있다. 사도 바울은 은사를 그리스도의 몸인 교회와 연관시키면서 그 은사를 몸의 각 부분 혹은 각 지체의 각 기능에 비유하고 있다. 고린도전서 12장 13절부터 이어지는 구절들을 보면 분명히 볼 수 있다.

> 고전 12:14-18   몸은 한 지체뿐만 아니라 여럿이니 만일 발이 이르되 나는 손이 아니니 몸에 붙지 아니하였다 할지라도 이로써 몸에 붙지 아니한 것이 아니요 또 귀가 이르되 나는 눈이 아니니 몸에 붙지 아니하였다 할지라도 이로써 몸에 붙지 아니한 것이 아니니 만일 온 몸이 눈이면 듣는 곳은 어디며 온 몸이 듣는 곳이면 냄새 맡는 곳이 어디냐 그러나 이제 하나님이 그 원하시는 대로 지체를 각각 몸에 두셨으니

> 롬 12:4-8   우리가 한 몸에 많은 지체를 가졌으나 모든 지체가 같은 기능을 가진 것이 아니니 이와 같이 우리 많은 사람이 그리스도 안에서 한 몸이 되어 서로 지체가 되었느니라 우리에게 주신 은혜대로 받은 은사가 각각 다르니 혹 예언이면 믿음의 분수대로, 혹 섬기는 일이면 섬기는 일로, 혹 가르치는 자면 가르치는 일로, 혹 위로하는 자면 위로하는 일로, 구제하는 자는 성실함으로, 다스리는 자는 부지런함으로, 긍휼을 베푸는 자는 즐거움으로 할 것이니라

그러니까 성령의 은사는 그리스도의 몸인 교회와 연관되어 나타나고 있다. 그러므로 성령의 은사는 그리스도의 몸인 교회 안

에서 시작하는 사역임을 이해해야 한다. 그래야 성령의 은사를 올바로 이해할 수 있다. 성령의 은사는 사적인 소유물이 아니다. 성령의 은사를 하나님이 허락하신 것은 교회에서 덕을 세우고 섬기기 위한 것이다. 즉, 교회를 든든히 세우기 위해 필요한 것이라는 말이다. 그러므로 은사를 발견하지 못했다든지 지체가 은사를 통해서 연합되지 못했다면 실제적인 의미에서 그리스도의 몸으로 기능을 할 수 없다. 그러니까 교회가 그리스도의 몸으로서 제 기능을 다 하지 못한다는 것은 지체들이 은사로 사역을 하지 않고 있다는 뜻이다. 하나님이 우리에게 은사를 부여할 때는 오직 우리가 한 몸의 지체로서 서로를 섬기며, 돌보며, 성령으로 연합하기 위해서다. 그러므로 성령의 은사가 폭발적으로 일어날 때가 언제인가 하면 교회가 모일 때이다.

> 고전 14:26 그런즉 형제들아 어찌할까 너희가 모일 때에 각각 찬송시도 있으며 가르치는 말씀도 있으며 계시도 있으며 방언도 있으며 통역함도 있나니 모든 것을 덕을 세우기 위하여 하라

교회가 모일 때, 연합될 때, 다양한 성령의 은사들이 나타났다는 것을 알 수 있다. 그리고 성령의 은사는 교회에서 그 열매가 검증되어야 한다. 그리고 다시 한번 강조하지만 모든 은사는 지체를 충실히 섬길 때 교회는 든든히 세워진다. 그럴 뿐만 아니라 교회를 통해 하나님의 뜻이 이루어진다. 지체를 충실히 섬긴다는 것은 결국 나를 섬기는 것임을 다시 한번 강조하고 싶다. 왜냐

하면, 이 원리를 알아야 하나님이 왜 은사를 주셨고, 은사를 어떻게 사용해야 하고, 우리는 교회에서 어떤 존재인가를 알 수 있기 때문이다. 그래서 성경에서 나타난 성령의 은사는 교회와 밀접한 관계를 가지고 있을 수밖에 없고 모두가 유기체적으로 연결되어 있기 때문에 모두에게 해당되는 말이다.

1) 은사는 여러 가지로 나타난다

고전 12:4-7   은사는 여러 가지나 성령은 같고 직분은 여러 가지나 주는 같으며 또 사역은 여러 가지나 모든 것을 모든 사람 가운데서 이루시는 하나님은 같으니 각 사람에게 성령을 나타내심은 유익하게 하려 하심이라

여기서 은사, 직분, 사역이라고 나온다. 이 말은 똑같은 의미로 다 은사라는 말이다. 이것은 은사가 삼위일체 하나님과 연결되어 있음을 말해주고 있다. 그리고 여기서 은사, 직분, 사역은 모두 다 여러 가지라고 공통적으로 말하고 있다. 그러므로 성령의 은사는 여러 가지이다. 성경은 크게 네 군데에서 성령의 은사에 대해 말하고 있는데, 여기에 나열되어 있는 은사들은 은사의 모든 것을 설명하는 것은 아니다. 왜냐하면 고린도전서 7장 7절을 보면 사도 바울이 독신도 은사로 표현하고 있기 때문이다. 독신의 은사는 성경에서 크게 네 군데에서 언급된 부분에서는 없는 은사이다. 이런 경우를 본다면, 성령의 은사는 기록되지 않은 부

분까지 포함해서 아주 다양하고 여러 가지 임을 알 수 있다. 그러므로 그리스도인으로서 하나님께 영광을 돌리는 모든 탁월한 능력은 은사로 봐야 한다. 물론 이 부분에 대해서 조심해야 할 부분은 있다.

2) 성령의 은사 목적 네 가지

성령의 은사의 주된 목적이 4가지가 있다.

첫째, 서로 사랑으로 섬기기 것이다. 즉, 지체의 존재는 서로 사랑으로 섬기도록 만들어져 있다. 그래서 이런 사랑으로 섬김이 없으면 지체의 존재가치가 없다. 이 사랑에 대한 부분은 뒤에서 구체적으로 다루어질 것이다.

둘째, 봉사하기 위함이다(벧전 4:10 각각 은사를 받은 대로 하나님의 여러 가지 은혜를 맡은 선한 청지기 같이 서로 봉사하라).

셋째, 유익을 위함이다(고전 12:7 각 사람에게 성령을 나타내심은 유익하게 하려 하심이라). '유익하게' 이것을 N.I.V 영어성경에는 'common good' 공동의 유익을 위함이라 이렇게 되어 있다.

넷째, 교회에 덕을 세우기 위함이다(고전 14:4 방언을 말하는 자는 자기의 덕을 세우고 예언하는 자는 교회의 덕을 세우나니). 지금 우리가 하는 방언은 초대교회 때 나타난 언어적 방언이 아니라 하나님과의 관계에서만 소통되는 언어 즉, 신비의 언어를 말한다. 이런 방언은 교회에 유익을 주는 것이 아니라 자기의 유익을 위한 필요다. 그런데 예언하는 자는 교회의 덕을 세우기 위한 것이다. 예언이란 점쟁이가 점을 치듯이 과거를 알아맞히고 미래를 말하는 것이라기보다 예언의 본질적인 사용은 성경 말씀을 통해 신자들을 종용하고, 권면하고, 위로하기 위해 사용되는 것이 예언의 취지다.

성령의 은사는 한마디로 말하면 덕을 세우기 위함이다. 즉, 연합된 몸의 기능을 원활하게 하려고 은사가 허락되었다는 말이기도 하다. '세우다' 영어로 'build virtue' 빌딩을 세우는 것처럼 세운다는 말이다. 그러니까 우리를 그리스도 안에서 세우기 위한 것이다. 우리가 다시 한번 기억해야 할 부분은 성령의 은사 중에 방언의 은사만 자기의 유익을 위한 것이다. 본인이 그리스도 안에 세우는 데 도움이 될 뿐이다. 그 외의 모든 은사는 상대방을 위한 것이다. 그러므로 성경에 나오는 은사의 핵심적인 목적은 성도를 그리스도 안에서 세우기 위한 것이다. 이것을 덕을 세우기 위함이라, 유익을 위함이라 이렇게 표현하고 있다.

Chapter 5

어떤 원리와 자세로 교회를 세워야 하는가?

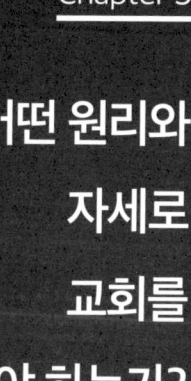

1. 부모의 원리로 교회를 세워야 한다

고후 12:14   보라 내가 이제 세 번째 너희에게 가기를 준비하였으나 너희에게 폐를 끼치지 아니하리라 내가 구하는 것은 너희의 재물이 아니요 오직 너희니라 어린 아이가 부모를 위하여 재물을 저축하는 것이 아니요 부모가 어린 아이를 위하여 하느니라

바울은 고린도 교회를 향해 그들을 섬길 때, 그들을 세울 때 부모가 자녀를 세우듯이 했다고 말하고 있다. 이 말씀을 적용할 때 부모와 자식이 된다는 것은 어떤 의미인가? 이 부분을 어떤 식으로 나타내며, 어떻게 적용해야 하느냐 하는 방법론적으로 먼저 접근해 볼 필요가 있다. 우선 목사가 부모가 될 수 있는가부터 알아보자. 왜냐하면 지금 그리스도의 몸으로서 각 지체대로 받은 성령의 은사가 있기 때문입니다. 역할과 기능이 있기 때문이란 말이다. 목사는 성도들 앞에 영적 부모의 역할을 하고 있다. 그런데 여기에는 분명한 조건이 있는데 그것은 목사가 언제나 영적 양식을 먹이는 관점에서만 그렇다. 왜냐하면 목사도 가르치는 은사를 가지고 하나님으로부터 말씀을 받아 전달하는 전달자이

기 때문이다. 그리고 교인들도 부모의 입장에 서는 경우가 많다. 교회가 각자 지체의 기능적인 측면에서 설명하고 있음을 기억해야 한다. 이 부분에 대해 시비를 걸 수도 있다. 그러나 목사가 교회 전체의 부모는 아니다. 목사도 지체로서 한 가지 또는 몇 가지 기능적인 부분에서 그리스도의 몸을 세우는 일을 하기 때문이다. 이렇게 설명하는 것에 오해가 없기를 바란다. 목사도 능력 있고 성령으로 은사를 개발하고 탁월한 사역을 감당하도록 성도들이 부모 관점에서 목사를 위해 기도하고 섬기고 후원도 하는 것이다.

이 과정에서 우리는 신앙의 원칙을 발견하게 된다. 그것은 지체로서 기능적인 부분에 있어서는 부모라는 말이다. 즉, 지체를 세우고 섬기는 데 있어서 부모의 자세로 해야 한다는 것을 강조하고 있다. 구체적으로 적용하자면, 성가대에서 "이제 사순절이니까 목사님 이런 찬양을 성가대에서 할 계획입니다." 그러면 그것에 대해 성경에서 벗어나지 않은 한 받아들여야 한다. 왜냐하면 기능면에서, 역할 면에서 찬양의 은사를 받은 사람이 부모 된 자세로 섬기기 때문에 그렇다. 그런 부분에서 성도들이 부모가 되어야 할 때가 있다. "목사님 뜻은 옳지만, 이런 방법도 있습니다. 이런 방법은 어떻습니까?" 하고 방법을 제시할 수 있어야 한다. 이것은 교리적인 부분을 언급하거나 설교에 관한 내용을 언급하는 것이 아니다. 교리적으로 문제가 없는 설교의 내용에 대해 지적하는 것은 은사에 대한 월권이다. 또한 말씀을 맡았다고 해서 전 지체의 우위에 있는 것도 아니다. 이런 원리와 질서가 가능한 것은 교회는 그리스도의 몸이기 때문이다. 우리는 지체인데 목사가 전체를 다 감당할 수 없다. 만일 목사가 눈이면 손이나 귀나 코는 성도들이 맡은 부분이기에 그런 부분에서 보모가 될 수 있다는 말이다. 그러므로 서로 간의 겸손과 책임을 나누는 일이 있어야 한다. 한 몸의 원리로 보면, 목회자와 성도 간에 부모와 자식이 될 때가 있고, 자식이 부모가 될 때가 있고, 성도 간에서 부모와 자식이 될 수도 있다.

　부모의 마음은 자식이 잘되면 나는 어떻게 되어도 좋다는 마음이다. 부모라면 대부분 이런 마음을 가지고 있다. 이런 한 몸의 원리로 본다면, 교회가 비난과 경멸, 심판이라는 것은 있을 수 없다. 성령의 은사가, 직분이, 지체가 부모의 처지에서 섬기는 것이면, 절대로 우월감과 자랑과 비난하거나, 경멸하거나, 다투거나, 나누어질 수 없다. 그런 면에서 여러 번 언급했지만, 교회가 분리되고 나누어지고 법정까지 가는 것은 교회가 그리스도의 몸이요, 각자 지체로 유기체적인 연합임을 모르기 때문이다. 이런 현상은 결국 자기 살을 찢는 일이 되고, 자기를 죽이는 일이 되고, 자기를 무너지게 하는 결과를 초래하게 된다. 우리가 지체로서 연합되어 있다는 사실을 알면 이런 일이 얼마나 불행한 일인지 깨닫게 된다. 어느 부분에서 상대방의 약점과 못난 것이 보이면, 그가 자식이고 우리들이 부모인 자리에서 봐야지, 우리는 잘 났고 저들은 못났고, 저들은 틀렸고 나는 옳다 이런 것이 아니다. 부모의 마음을 가지면, 저들을 위해 내가 망해도 좋다는 마음을 가지면 잘못에 비난할 수가 없다. 포기하거나 비난하는 것이 아니라 오히려 될 때까지 열심을 동원한다. 예를 들어 나의 부모가 살아계실 때, 내가 개척한 지 5년 정도 지났을 때였다. 교회가 1부, 2부로 나누어 예배를 드리니 어머님과 아버님이 1부 예배도 참석하고, 2부 예배도 참석하는 것이다. 똑같은 설교를 두 번 하는데 말이다. 혹시 사람들이 없어서 민망할까 봐서이다. 이게 부모의 마음이다.

롬 16:2 너희는 주 안에서 성도들의 합당한 예절로 그를 영접하고 무엇이든지 그에게 소용되는 바를 도와 줄지니 이는 그가 여러 사람과 나의 보호자가 되었음이니라

이 구절에서 나오는 여인의 이름은 '뵈뵈' 라는 자매이다. '보호자' 헬라어로 '프로스타티스'προστάτης이다. 이 단어는 남성용 단어인데, 여기서 유일하게 여성용 단어를 쓰고 있다. 이 말의 뜻은 후원자, 보호자라는 말이다. 즉, 부모의 역할을 하고 있음을 분명히 하고 있다. 이 자매가 바울에게 부모의 역할을 했다는 말이 된다.

롬 16:3 너희는 그리스도 예수 안에서 나의 동역자들인 브리스가와 아굴라에게 문안하라 그들은 내 목숨을 위하여 자기들의 목까지도 내놓았나니 나뿐 아니라 이방인의 모든 교회도 그들에게 감사하느니라

브리스가와 아굴라 부부가 바울을 위해 목숨을 내놓을 정도로 바울을 위해 헌신했다. 그러니까 자식을 위해 부모가 목숨을 내놓는 것과 같은 의미다. 이것이 부모로서 자식들을 대하는 것처럼 각 지체가 그렇게 서로 섬기고 세우라는 말이 된다. 이것은 굉장히 중요한 말이다. 예를 들어서 환자가 있다고 하자. 그러면 치유의 은사를 받은 사람이 그 환자를 어떻게 대해야 하느냐 하는 자세를 말하는 것이다. 부모가 자식을 대하듯, '내가 대신 아팠으면' 하는 자세의 마음이다. 그러니까 신유의 은사를 가진 성도가 "내가 신유의 은사를 가지고 있으니 감사하는 마음으로 내게 와서 안수 받아라" 하는 것이 아니라 부모의 마음으로 끝까지 그가 나을 때까지 섬기고 기도하는 것이다. 이게 성도들 간에 있어야 한다. 구제의 은사가 있는 지체도 마찬가지다. 도와주고 생색내는 것이 아니라, 내가 이 정도 수준에 있는 사람이라고 자랑하는 것이 아니라, 그가 세워질 때까지 부모의 마음으로 도우며 기도하는 것이다.

2. 지체는 보상을 원하지 않는다

지체들은 자기가 한 일에 대해 보상을 원하지 않는다. 자식 앞에 보상을 원하는 부모는 없다. 자식 잘되는 것을 기쁨으로 삼는 게 부모의 마음이다. 해마다 수석 입학자들의 인터뷰하는 것을 보게 된다. 부모는 다 자식 덕으로 돌리고 자식은 부모덕으로 돌린다. 잘되는 집은 그렇다. 그런데 안 되는 집은 부모가 자식 탓

하고, 자식은 부모 탓을 하게 되어 있다. 서로가 자기 역할을 모르기 때문이다. 부흥하는 교회는 서로에게 감사를 돌리고 칭찬을 돌린다. 그렇지 못한 교회는 서로를 비난하기 일쑤다. 그런 관점에서 섬김의 대가를 원해서도 안 된다. 예언의 은사를 가진 분이 봉투를 받고 예언하는 일들이 종종 있는데, 이것은 한 몸의 원리를 모르는 행위요, 성경에도 위배 된다. 섬김으로 인해 칭찬이나 인증을 받기를 원하거나 성도들에게 박수를 받기를 원하는 일도 결국 보상을 원하는 것임을 알아야 한다. 각자 성령의 은사대로 교회를 세우고 섬기되, 부모와 자식의 입장에서 하라는 말이다. 보상의 문제가 아니라는 뜻이다. 내가 섬기는 교회에서는 반주자, 지휘자 등에게 사례를 하지 않는다. 이런 부분은 지체들이 서로 섬김의 관점에서 이해해야 할 문제이기 때문이다. 오히려 이런 보상이 하나님 나라의 상급을 이 땅에서 가로챌 수도 있다는 것을 알아야 한다.

Chapter 6

사랑으로서의 한 몸

1. 교회는 사랑으로 부름을 받았다

마태복음 22장의 말씀을 보면 사람들이 예수님께 와서 묻는다. "주님 율법에서 가장 중요한 것이 무엇입니까?" 이 말은 "신앙생활에 가장 중요한 핵심이 무엇입니까?"라는 물음이다. 이때 "마음을 다하고 목숨을 다하고 뜻을 다해서 하나님을 사랑하라 또한 네 이웃도 네 자신처럼 사랑하라"고 말씀하셨다. 하나님에 대한 사랑과 사람에 대한 사랑, 그것도 그냥 사랑이 아니고 진심으로, 전력을 다해, 최선을 다해 마음을 쏟아부어 사랑하는 것이 기독교의 핵심이요, 전부다. 하나님은 우리를 향해 사랑을 요구하기 전에 먼저 하나님이 사랑을 실천하셨다. 그런데 인간은 하나님의 사랑을 알기 위해 애쓰지 않는다. 인간은 아직도 죄성을 가지고 있다. 자기중심에서 하나님의 사랑을 받아들이고 이해하게 되면 하나님의 사랑이 무엇인지, 또한 하나님의 사랑 범위가 얼마나 큰지 알 수가 없다. 그리고 자기중심의 삶, 인본주의적 신앙관, 기복주의 등이 하나님의 사랑을 아는 데 방해가 되고 있다.

사도 바울이 고린도전서 12장에서 은사를 이야기하고 있다.

그러면서 "너희들은 더 큰 은사를 사모하라"라고 강조한다. 더 큰 은사가 바로 13장에 기록되어 있는데 그것이 "사랑"이다. 은사는 사람들을 섬기는 하나님의 능력이 된다. 그러니까 은사 중에 능력 중에 큰 능력을 사모하라는 것인데 그것이 바로 사랑이다. 고린도전서 13장을 보면 사람의 방언과 천사의 말을 할지라도, 예언하는 능력이 있어도, 모든 비밀과 지식을 알고 있어도, 산을 옮길 만한 믿음이 있어도, 사랑이 없으면 그 모든 것이 아무것도 아니라고 했다. 통계적으로 하나님으로부터 질병을 치유 받은 경험이 있는 사람들의 90%가 교회를 떠났다는 기록이 있다. 능력을 체험했는데 이런 현상이 왜 나타나는가? 하나님의 사랑이 공급되지 못하고 그 사랑이 체험되지 못했기 때문이다. 어떤 교회는 목사가 기도하면 뒤로 팍팍 쓰러지는 일들이 일어난다. 이 부분에 대해 시비를 걸 마음은 없다. 문제는 신비한 체험을 하는데 대부분 이런 교회가 부흥이 잘 안 된다. 그 속에 사랑이 없으면 안 된다는 말이다. 사랑이 기초가 되지 않으면 아무것도 아니라는 것이다.

사랑이 제일임은 하나님은 사랑이기 때문이다. 그래서 하나님을 안다고 해 놓고 하나님을 사랑하지 않으면 그것은 하나님을 아는 것이 아니다. 사랑의 시작은 언제나 하나님이다. 하나님이 이 세상을 사랑했기 때문에 독생자 예수 그리스도를 주신 것이다. 이것이야말로 하나님이 우리에 대한 사랑을 확증해 준 것이 아닌가? 그래서 우리도 하나님을 사랑하는 것이 마땅한 것이며,

그 하나님의 사랑으로 교회에 채워야 하고 이웃에 그 사랑을 흘려보내야 하는 것이다.

　십계명을 보면 첫째 계명에서 네 번째 계명까지는 하나님을 사랑하라는 계명이요, 다섯 번째 계명부터 십계명까지는 이웃을 사랑하라는 말씀이다. 그래서 예수님께 어떤 서기관이 와서 "첫째 되는 계명이 무엇입니까?"라고 물었을 때 "네 마음을 다하고 뜻을 다하고 성품을 다하고 목숨을 다하여 주 너의 하나님을 사랑하라는 것이요 둘째 되는 계명이 네 자신을 사랑하는 것 같이 네 이웃을 사랑하라"라고 하셨다. 계명은 곧 하나님을 사랑하고 이웃을 사랑하는 것이다. 그러면 하나님을 어떻게 사랑하라는 말인가? 보이지 않은 하나님을 어떻게 사랑하라는 것인가? 그것이 바로 네 이웃을 사랑함으로 하나님을 사랑하는 것이 된다. 왜냐하면 보이지 않은 하나님을 사랑한다는 것은 보이는 이웃을 사랑함으로 하나님의 사랑을 증명하는 것이기 때문이다. 그러므로 교회는 사랑으로 부름을 받아 그 부름을 교회를 통해 발산되어야 한다.

2. 사랑은 방향성이 중요하다

　계명은 선택 사항이 아니다. 계명은 꼭 지켜야 한다. 그러므로 계명 중에 가장 큰 계명인 사랑은 반드시 지켜야 한다. 사랑은 우리가 반드시 실천해야 할 지체의 사명이라는 말이다. 우리의 문제는 수직관계 즉, 하나님을 향해서는 우리가 잘하려고 애를 쓴다. 그런데 사람과의 관계인 이웃과는 전혀 사랑을 적용하지 못하고 있다. 이런 현상이 나타나는 이유는 여러 가지가 있을 수 있겠지만, 자기 유익을 위한 신앙이기 때문이다. 하나님께 잘 보이면 복을 받는다는 생각을 우리는 늘 가지고 있다. 맞는 말이다. 하나님께 잘 보이면 복을 받는다. 그런데 우리는 하나님께 잘 보이는 방법에 문제가 있다는 것을 알아야 한다. 하나님이 누구신지 아는 것이 중요한데, 우리는 그분의 능력과 형통함과 물질적 축복에만 관심이 있다. 그분과 사귐에는 관심이 없고 그분의 능력과 힘만 필요로 하는 것이다. 하나님께 잘 보이는 것은 중요하지만, 하나님을 안다는 것은 하나님과 사귐이 있고, 그분의 뜻을 따르며, 하나님의 계명을 따라 이웃을 사랑하는 것이다.

하나님을 사랑하면 세상을 사랑할 수가 없다. 그런데 우리는 세상을 사랑하고 세상의 사랑을 지속시키기 위해서 하나님을 섬기고 있다. 이런 유형의 교인들은 하나님을 섬길 뿐이지 사랑하지는 않는다. 그 증거가 이웃을 사랑하지 않은 데서 분명히 드러나고 있다. 야고보에서 세상을 사랑하면 하나님과 원수가 된다고 했다. 하나님을 사랑하고 세상을 사랑할 수가 없다는 말이다. 그런데 우리는 하나님을 사랑한다고 하지만 세상도 사랑하고 있다. 문제는 이런 자기 주관적 사랑의 이해가 진실로 이웃을 사랑하는 실천적 삶을 살지 못하는 이유이다.

마 22:39 　둘째도 그와 같으니 네 이웃을 네 자신 같이 사랑하라 하셨으니

　이웃을 어떻게 사랑하라고 했는가? '네 자신 같이'이다. 자신을 어떻게 사랑하는가? 힘들면 쉴 자리 찾고, 배고프면 먹을 것 찾고, 추우면 따뜻한 곳 찾고, 병들면 병원 찾는다. 사람들에게 오해받으면 도시락 싸 들고 다니며 변명하기에 바쁘다. 얼마나 자신을 사랑하는가? 이렇게 이웃을 나와 같이 반응하며 사랑하라는 것이다. 사랑이 기준이 되어, 사랑의 시각으로 사람들을 보고 평가하고 이해하는데 그 사랑의 시각이 바로 너 자신처럼이다. 이것이 해답이다. 한 몸의 원리에서 지체들이 이런 사랑으로 연합되어 있어야 온몸이 조화롭게 성장하며 서로를 섬길 수 있다. 왜냐하면 네가 나이고, 내가 너이기 때문이다. 남편이나 아내도 한 몸이다. 촌수로 따져도 자식과는 1촌, 형제지간에는 2촌이다. 그러면 부부는 몇 촌인가? 무촌이다. 왜냐하면 한 몸이기 때문이다. 교회가 한 몸으로 부름을 받았기 때문에 한 몸으로 이루어진 지체들은 사랑의 관계다. 사랑의 관계는 혈육의 관계보다 더 가까운 관계다. 그것은 사랑으로 한 몸이 되니까 다른 지체가 나 자신이 되는 것이다. 그러므로 성경에도 부모를 사랑의 관계로 표현하지 않고 공경하라고 표현하고 있다. 자식도 사랑으로 표현하지 않고 양육하고 훈계하라고 말씀하고 있다. 그러나 부부만큼은 사랑으로 표현되며, 이렇게 부부가 친밀하면 자녀와도, 이웃과도 사랑으로 대할 수 있다는 것이다.

마찬가지로 교회가 한 몸으로 부름을 받아 지체들이 사랑으로 유기체적인 연합을 하고 있다. 이런 관점에서 지체를 이해하고 교회를 이해해야 한다. 그렇게 될 때 교회의 한 몸의 원리를 이해할 수 있다. 구체적으로 설명하자면 사람들이 실수하면 용납을 하지 못하는 사람들이 대부분이다. 사실 자신도 끊임없이 실수하는데 말이다. 자신이 실수한 것처럼 그런 시각과 기준으로 사랑의 눈으로 보는 훈련을 교회에서 해야 한다. 지체가 성령의 하나 됨을 지키고 사랑으로 연합되어 있음을 확인하고 유기체적으로 연합되어 있는 지체를 확인하면 용서 못 하고, 용납 못 하고, 이해 못 할 일이 어디 있겠는가? 마태복음에서 말씀한 것처럼 "오른편 뺨을 맞으면 왼편 뺨도 돌려대라, 오리를 가라고 하면 십리를 가라, 겉옷을 달라고 하면 속옷까지 줘라" 하는 말씀을 우리가 지켜내기는 힘들지만, 성경은 할 수 있고 해야 한다고 강조하고 있다. '내가 너고, 네가 나'라는 한 몸으로 부름을 받았다는 사실을 알면 가능하다.

사랑의 시각으로 나 자신을 사랑하는 그 마음으로 세상을 보고, 이웃을 보고, 사건을 보면 그리스도인의 삶을 살아갈 수 있다. 우리에게 가장 큰 능력은 사랑이라는 것을 잊어서는 안 된다. 사랑 없는 신앙은 종교행사에 불과하다. 사랑 없는 헌신은 자기 유익을 위해 섬기는 것에 불과하다. 사랑 없이 드리는 예배는 외식에 불과하다. 우리에게 우선으로 회복되어야 할 것이 바로 사랑이라는 것을 잊지 말고 사랑으로 연합되어 한 몸으로 부름을 받은 지체로 성령의 하나 됨을 지키며 교회의 사명을 다하는 유기체적 연합을 이루어야 한다.

3. 충만함으로 채워지는 사랑

엡 3:14-19 이러하므로 내가 하늘과 땅에 있는 각 족속에게 이름을 주신 아버지 앞에 무릎을 꿇고 비노니 그의 영광의 풍성함을 따라 그의 성령으로 말미암아 너희 속사람을 능력으로 강건하게 하옵시며 믿음으로 말미암아 그리스도께서 너희 마음에 계시게 하옵시고 너희가 사랑 가운데서 뿌리가 박히고 터가 굳어져서 능히 모든 성도와 함께 지식에 넘치는 그리스도의 사랑을 알고 그 너비와 길이와 높이와 깊이가 어떠함을 깨달아 하나님의 모든 충만하신 것으로 너희에게 충만하게 하시기를 구하노라

신자들이 부활하신 예수 그리스도를 믿고, 구원받고 난 후에 교회를 통해 펼쳐질 신비함과 충만함을 마땅히 누려야 할 것들이고, 소유해야 할 것이며, 그리고 알아야 할 약속된 것들이다. 우리를 향한 그리스도의 사랑, 그 높이와 깊이와 길이와 넓이가 얼마나 대단한 것인가를 알아서 하나님의 모든 충만하신 것으로 충만하게 되기를 원하고 계신다. '하나님의 충만하신 것으로' 교회를 채우기를 원하신다. 이 충만함은 사람이 감히 상상하지 못할, 측량조차 못 할 만큼 엄청나고 웅장하며 장엄하다. 그런데 이 충만함을 체험하고 확인할 수 있는 것은 한 몸으로 부름을 받은 교

회가 연합되어 사랑으로 묶여 섬기는 삶을 살아갈 때다. 그리고 지체가 연합되어 사랑으로 실천할 엄청난 미래의 교회를 향한 그림을 그릴 수 있는 것이다.

구약시대의 사람들이 주님의 부활 후의 삶을 몰랐다. 뿐만 아니라 '천사도 몰랐다'라고 말하고 있다. 에베소서 3장 10절의 "이는 이제 교회로 말미암아 하늘에 있는 통치자들과 권세들에게 하나님의 각종 지혜를 알게 하려 하심이니" 말씀이 이제 교회로 말미암아, 지체들로 말미암아 펼쳐질 것인데 이것은 통치자들과 권세자 즉, 천사들도 모르는 것이란 말이다. 교회로 말미암아, 지체들로 펼쳐질 열방을 향한 구원과 열방을 향해 복을 나누어주는 자로 세워진 것을 천사들도 몰랐다는 말이다. 교회를 통한 충만함은 우리에게 엄청난 복임을 우리는 잘 알아야 한다.

4. 한 지체도 소홀함이 없는 소중함으로의 사랑

갈 6:1-5   형제들아 사람이 만일 무슨 범죄한 일이 드러나거든 신령한 너희는 온유한 심령으로 그러한 자를 바로잡고 너 자신을 살펴보아 너도 시험을 받을까 두려워하라 너희가 짐을 서로 지라 그리하여 그리스도의 법을 성취하라 만일 누가 아무 것도 되지 못하고 된 줄로 생각하면 스스로 속임이라 각각 자기의 일을 살피라 그리하면 자랑할 것이 자기에게는 있어도 남에게는 있지 아니하리니 각각 자기의 짐을 질 것이라

위 말씀의 2절을 보면 "짐을 서로 지라"라고 되어 있고, 5절에는 "각각 자기 짐을 지라" 이렇게 말하고 있다. 그다음에 1절을 보면 "누가 범죄 한 것을 보거든 네 자신을 돌아보아 너도 시험을 받을까 조심해라"라는 말씀이 있다. 그리고 4절을 가면 "각각 자기의 일을 살피라 그러하면 자랑할 것이 자기에게만 있고 남에게는 있지 않다"라고 진술하고 있다. 이 부분을 이해하는데 까다로움이 있다. 어떤 사람이 죄를 짓거든, 범죄 하거든 그러한 사람을 바로 잡고 너 자신을 돌아보라는 것이다. 남을 바로 잡는 일들이 1절에 나온다. '바로 잡는다'라는 단어가 '고친다, 틀린 것을 바로잡는다'라는 것이 아니라 영어로 'restore'라고 해서 '회복시킨다'라는 뜻이다. 그래서 2절에서는 "짐을 서로 지라"는 말씀이 나오는 것이다. 무슨 뜻인가 하면 팔이 부러진 것을 고친다는 것으로, 원어의 뜻은 '위골된 뼈를 맞춘다'라는 뜻이다. 곧 부러진 뼈나 빠진 뼈를 '맞춘다'라는 뜻이 된다.

팔이 부러지면 어떻게 될까? 당연히 깁스하고 고정시켜야 한다. 팔을 다치면 팔이 부러진 부분의 고통으로 잠을 제대로 못 잔다. 잠을 자더라도 굉장히 불편할 수밖에 없다. 사람이 잠을 자면서 몇 번이고 뒤척인다고 하는데 그러다가 부러진 팔이 걸리면 그럴 때마다 아픔을 이기지 못하고 놀라서 깨곤 할 것이다. 그토록 고통스러운 불편을 주기 때문에 팔을 잘라버리면 어떨까? 당장은 좋을 수 있다(물론 실질적으로 팔을 자른다는 것이 아니라 몸의 비유이다). 왜냐하면 다친 곳은 팔이지만 실제로 불편한 곳은 온몸이기 때문에 팔을 자르면 다른 몸이 고생을 안 할 것이다 하는 일반적인 생각을 할 수 있다. 그러나 한 몸의 원리는 그렇지 않다. 팔을 자르면 팔을 대신할 지체가 없다는 것을 우리는 잘 알고 있다. 왜냐하면 우리는 대치될 수 없는 한 몸으로 부름을 받았기 때문이다. 그래서 팔이 회복될 때까지 무거운 깁스를 하고 생활하는 것이다. 힘들고, 서로 고통은 되겠지만 짐을 서로 지는 것은 피할 수 없는 원리라는 말이다. 그렇게 짐을 질 수밖에 없도록 우리는 한 몸으로 부름을 받은 연합된 신비함을 알아야 한다.

지금 실질적인 우리의 몸을 통해 교회의 몸으로 연결되어 있는 지체 즉, 성도들을 설명하고 있다. 이 지체를 설명할 때마다 우리들은 교회 성도로 이해하고 받아야 한다, 예를 들어 앞서 말한 것처럼 팔을 자른다는 험악한 말을 사용했는데, 이 표현은 한 성도의 잘못된 것으로 인해 그 성도를 자르면 즉, 교회에서 내보내면 어떻게 되느냐 하는 것을 설명하는 것으로 이해해야 한다. 우리가 아는 인체 지식에 의하면 몸 중에서 가장 무거운 부분이 머리다. 앞서 예로 설명했지만, 지체가 팔이 부러져서 깁스하고 있다고 가정하면, 움직일 수 없는 깁스한 팔은 무거운 머리를 받치고 있는 목에 깁스를 한 팔을 매달고 다녀야 한다. 그러니까 목이 얼마나 고통스럽고 힘들겠는가? 그런데 그 목이 아프고 힘들지만 그 목만 힘든 것이 아니라 모든 지체가 힘들다는 것을 알아야 한다. 그래서 한 몸의 원리의 구조는 불평할 수도 없고, 불평해서도 안 되는 구조로 지체들이 연합되어 있다.

만약 다리가 부러졌다면 온몸이 그것을 보충한다. 양쪽에 지팡이를 짚고 두 팔과 온몸이 그것을 지탱해야만 불편한 삶이지만 일상생활을 지속할 수가 있다. 그런데 몸 전체에 비하면 극히 사소한 부분이라고 생각하겠지만 몸 전체가 그렇게 비상이 걸려야 하는 문제이다. 요즘은 군대가 어떻게 바뀌었는지 모르겠지만 군대에서는 손가락의 검지가 잘리면 몰라도 다른 손가락이 잘리면 제대를 시키지 않는다고 한다. 그런데 엄지발가락이 잘리면 바로 제대해야 한다(예를 드는 용어가 마음에 안 들어도 쉽게 설명하려는 방법으로 예를 든 것이니 이해하기를 바란다). 왜냐하면 올바로 걸을 수도 없고 뛸 수도 없기 때문이다. 우리가 생각할 때는 발가락 하나 정도 없어져도 될 것 같고 발톱이 빠져도 될 것 같지만 생활하는 데 엄청난 지장이 있을 뿐만 아니라, 균형도 제대로 잡지 못하는 상황을 맞이하게 된다. 그러니까 지체 하나, 하나가 얼마나 소중하고 귀한지를 알아야 한다는 말이다. 이것은 한 몸으로 부르셔서 교회를 세우신 하나님의 원리이다. 교회 지체들이 얼마나 중요한지, 성도들 한 영혼이 얼마나 소중한지를 한 몸의 원리를 통해 알아야 한다. 예수님은 한 사람의 죄를 사하기 위해 이 땅에 오셨다. 혹시 나 하나만 죄인이라고 해도 예수님은 이 땅에 오셔서 나를 위해 십자가의 모진 고통을 다했을 것이다. 이것이 한 몸의 원리다. 교회 한 몸의 원리로 교회를 이해하면 신앙생활을 어떻게 해야 하는지 해답이 나온다.

5. 지체는 사랑을 실천함으로 한 몸을 이룬다

지체들이 한 몸을 이루며 살아가는 것은 바로 사랑이다. 그리스도께서 머리 되셔서 우리에게 흘려보내시는 것이 바로 십자가의 사랑이다. 그 사랑의 실천은 말씀에서 찾아볼 수 있다.

마 22:37-40 예수께서 이르시되 네 마음을 다하고 목숨을 다하고 뜻을 다하여 주 너의 하나님을 사랑하라 하셨으니 이것이 크고 첫째 되는 계명이요 둘째도 그와 같으니 네 이웃을 네 자신 같이 사랑하라 하셨으니 이 두 계명이 온 율법과 선지자의 강령이니라

시작 부분에서도 언급했지만, 율법과 선지자의 대강령이 바로 하나님을 사랑하며 그 사랑의 표현은 이웃을 사랑하므로 실천하라는 말이다. 그러므로 교회의 연합을 이끄는 가장 중요한 요소는 바로 사랑인데, 각 지체를 내 몸처럼 사랑하는 것으로 말미암아 한 몸, 연합이 지속될 수 있는 것이다. 이것이 얼마나 귀하고 중요한가를 지체를 통해 설명하고 있는데, 교회는 굉장히 중요한 하나님이 세우신 기관이다. 우리가 잘 이해하고 있겠지만, 천국의 모형이 바로 교회라고 하는 것을 분명히 알아야 한다(이어서 천국으로의 한 몸에서 구체적으로 설명할 것이다). 천국은 바로 그리스도의 통치하에 한 몸을 이루며 서로 사랑의 관계에서의 삶이라고 믿고 있기 때문이다. 그 나라를 그분이 통치하시고 교회도 동일하게 그분이 통치하신다. 그렇다면 교회가 천국을 맛볼 수 있는 유일

한 기관인데 어떻게 하면 교회가 천국을 맛볼 수 있는가 하면 바로 사랑을 실천할 때이다. 네 몸같이 사랑을 지체를 향해 흘려보낼 때 우리는 천국을 맛볼 수 있는 은혜를 받는 것이다. 이웃에게 천국을 어떻게 보여줄 수 있을까? 그것은 오직 그리스도의 사랑을 이웃에 나타낼 때 가능하다. 그러므로 교회가 사랑으로 세워지고, 이 사랑을 흘려보내기 위해 훈련을 해야 하고, 또한 교회가 이 사랑을 하나님으로부터 날마다 공급받는 은혜가 있어야 한다.

6. 사랑은 용서의 실천에서 나타나야 한다

사랑의 실천이 용서인데, 우리가 사랑한다고 하면서 용서하는 것이 얼마나 어려운지 알아야 한다. 용서와 사랑을 평생 연구한 미국의 풀러 신학교의 윤리학 교수인 '루이즈 스미즈'는 이런 경험을 이야기한 적이 있다.

"나는 어느 날 우리가 사는 동네에서 경찰관이 아무 이유 없이 제 막내아들을 학대하는 것을 보고 분노에 쌓이게 되었다. 나는 그 경찰관 때문에 집안에서 며칠 동안 큰 소리를 내며 살았다. 내가 용서하지 않으면 내가 비참한 사람이 될 것이라는 생각이 들었다. 그래서 나는 용서하기로 했다. 정말 용서했다. 나는 내 서재에 들어가 무릎을 꿇고 '말로니' 경찰 '내가 너를 용서한다.', '내가 하나님의 이름으로 용서한다.'고 했다. 그래서 나는 모든 것이 용서된 줄 알았다. 그런데 일 년이 지난 어느 날 순찰차를 타고

가는 그 경찰관을 보는 순간 나는 다시 용서해야 했다. 왜냐하면 다시금 분노가 생겼기 때문이다. 그러기에 이번에는 두 번째 용서하는 것이라 조금 쉬웠다. 몇 년 후 그 경찰관이 난폭한 행동으로 해임되었다는 소식을 들었을 때 그 소식은 나에게 꿀보다 달았다. 마치 내가 보복을 한 것처럼 통쾌했다. 그때야 비로소 나는 다시 한번 그를 용서해야 한다는 사실을 깨달았다. 그리고 나는 그를 다시 용서했다. 그러나 내가 그를 완전히 용서하기 위해서 몇 번을 더 용서해야 할지 누가 알겠는가?"

이렇게 용서는 단 한 번에 끝나는 것이 아니라는 말이다. 물론 우리는 용서하기 위해서 결단해야 한다. 용서의 감정이 생길 때까지 기다려서는 안 된다. 그래서 용서는 '결단해야 한다.'라고 대부분 학자는 말한다. 이것을 '결단의 용서'라고 부른다. 그러나 이렇게 용서의 결단을 한다고 해서 쉽게 용서되는 것은 아니다. 다시 그 사람을 보거나 유사한 행동을 하는 사람을 보면 미운 마음이 다시 들게 되어 있다. 따라서 용서하기로 결단하기는 쉬워도 정서까지 바꾸려면 오랜 시간이 걸린다. 그래서 머리부터 가슴까지는 인생이 가야 할 가장 먼 거리라고 그러지 않는가! 가슴을 변화시키는 용서를 해야 진정한 용서를 할 수 있는데 그렇게 하려면 어떻게 해야 하는가? 그 사람에 대한 분노, 두려움, 적개심 등을 이해하고 동정하고 긍휼을 베풀고 사랑을 보이는 그런 과정을 겪어야 한다. 이런 과정을 오랫동안 강하게 지속시키면 가해자에게 복수를 꽤하지 않고 선의에 감정을 가슴에 품게 되는

데 이때 비로소 온전한 용서가 이루어지는 것이며, 이것을 학자들은 '정서적 용서'라고 부른다. 그리고 정서적 용서는 사랑을 지속시켰을 때 나타나는 열매이다. 이런 정서적인 용서가 있어야 몸이 따르는 것이다. 우리가 용서한다고 결심해도 몸 자체가 용서하는 데는 시간이 걸리는 것이다. 한번 시험해 보라. 원수 같은 사람이 사는 집 앞길로 당당하게 걸어갈 수 있겠는가? 의식적으로도 돌아가지만, 나도 모르는 사이에 돌아가게 된다. 용서가 안 되는 것이다. 그렇다면 인간이 정서적인 용서의 과정을 겪으면 용서를 할 수 있는 것인가? 인간의 역사를 살펴보면 아무리 결단하고 애를 써도 인간의 노력으로는 진정한 용서란 불가능한 것 같다.

결론적으로 용서는 십자가의 무조건적 사랑이 아니면 불가능하다는 말이다. 이만큼 사랑은 삶 가운데 어떻게 나를 용서하고, 상대방을 용서하고, 이웃을 향해 하나님의 계명을 지킬 수 있는가 하는 문제다. 결단의 용서와 정서적 용서가 실천적으로 나타나야 한다는 말이다. 그러므로 서로 지체들이 함께 연단과 훈련을 통해, 하나님 사람으로 빚어지는 일들이 계속 일어나야 한다.

1. 천국은 이 땅에서 가시적으로 설명된다

천국은 주님이 통치하신다. 동시에 교회도 주님이 통치하신다. 그러므로 천국의 가시적인 곳이 교회라고 할 수 있다. 그러면 천국이 어떤 곳인가는 교회를 통해 설명이 가능하다.

마 22:23-33　부활이 없다 하는 사두개인들이 그날 예수께 와서 물어 이르되 선생님이여 모세가 일렀으되 사람이 만일 자식이 없이 죽으면 그 동생이 그 아내에게 장가들어 형을 위하여 상속자를 세울지니라 하였나이다 우리 중에 칠 형제가 있었는데 맏이가 장가 들었다가 죽어 상속가가 없으므로 그 아내를 그 동생에게 물려주고 그 둘째와 셋째로 일곱째까지 그렇게 하다가 최후에 그 여자도 죽었나이다 그런즉 그들이 다 그를 취하였으니 부활 때에 일곱 중의 누구의 아내가 되리이까 예수께서 대답하여 이르시되 너희가 성경도, 하나님의 능력도 알지 못하는 고로 오해하였도다 부활 때에는 장가도 아니 가고 시집도 아니 가고 하늘에 있는 천사들과 같으니라 사두개인들이 주님께 찾아와서 질문한 내용이다. 이 질문에 주님이 설명한 의미는 이런 것이다. 천국은 부부와 가족의 삶이 아니라 천국 백성들의 전체적인 삶으로 연합되어 있다는 것을 알 수 있다. 천국이 아름답게 연합되어 있는 것처럼 교회가 아름답게 연합되어 함께 교제하며 필요에 따라 나누며 함께하는 삶이다. 그래서 교회는 사도행전에서 나타난 삶이 가능한 것이다.

행 4:32 믿는 무리가 한 마음과 한 뜻이 되어 모든 물건을 서로 통용하고 자기 재물을 조금이라도 자기 것이라 하는 이가 하나도 없더라

우리가 천국에서의 삶은 자기 것이 없는 삶인 것처럼 이 땅의 교회도 자기 것이 없는, 서로 필요에 따라 나누며 하나 됨을 지키는 것이 성도의 삶이다.

2. 천국과 연합되어 있는 교회는 어떻게 세상을 살아가야 하는가?

성경이 말씀하는 천국과 연결된 부분을 어떻게 설명하고 있는가 하면, 하나님께 붙어 있는 곳이요, 하나님으로부터 공급을 받는 곳으로 설명하고 있다. 요한복음 17장에 등장하는 것은 구원에 관한 정의와 함께 우리에게 이런 이해의 영역을 넓히고 있다.

요 17:3 　영생은 곧 유일하신 참 하나님과 그의 보내신 자 예수 그리스도를 아는 것이니라

여기서 안다는 것은 헬라어로 '기노스코'$_{\gamma\iota\nu\acute{\omega}\sigma\kappa\omega}$를 쓰는데 여기서 '알다'는 본질적인 부분을 아는 것을 의미한다. 어떤 정보나 지식의 앎과는 다른 앎인데, 여기서는 예수님과 하나 됨을 통해 예수님의 본질을 안다는 것을 의미한다. 부부가 '알다'라는 단어를 쓸 때 '기노스코'라는 헬라어를 쓰는 것과 같다. 그래서 우리는 천국을 죽어서 가는 곳이 아니라 지금 예수 그리스도와 공유된 연합으로 말미암아 천국을 맛볼 수 있고 공유할 수 있다는 것이다.

마 5:20 　내가 너희에게 이르노니 너희 의가 서기관과 바리새인보다 더 낫지 못하면 결코 천국에 들어가지 못하리라

그러면 서기관과 바리새인의 '의'는 무엇인가? 21절 이하에 나오는 것같이 '살인하지 않겠다, 거짓말하지 않겠다, 헛맹세를 하지 않았다, 간음하지 않았다.' 이런 것들이다. 그러나 이런 법의 차원, 도덕적 차원에서 내가 너보다 낫다는 것을 가지고는 천국에 들어가지 못한다는 것이다. 요한복음 17장 3절을 인용한 것처럼 천국에 들어간다는 것은 하나님의 자녀가 된다는 것이요, 하나님의 자녀가 된다는 것은 하나님을 아버지라 부르는 호칭에 맞는 삶을 살아야 한다는 말이다. 하나님을 닮아야 한다. 하나님

과 같은 성품을 품고 하나님 통치권 안에 있어야 한다는 의미이다. 이것이 하나님 나라와 공유된 삶이요, 천국 사람들의 삶의 표현이다.

> 마 5:43-44 또 네 이웃을 사랑하고 네 원수를 미워하라 하였다는 것을 너희가 들었으나 나는 너희에게 이르노니 너희 원수를 사랑하며 너희를 박해하는 자를 위하여 기도하라

한 몸의 원리를 설명하면서 사랑을 계속해서 설명할 수밖에 없다. 반복적으로 설명하게 되는 것은 사랑으로 이어가지 않으면 한 몸 원리의 구체적인 내용을 다양하게 설명할 수 없기 때문이다. 원수를 사랑하고 너희를 핍박하는 자를 위하여 기도하라는 것은 기독교 신앙을 대표하는 표현이다. 기독교는 사랑이 본질이다. 왜냐하면 하나님은 사랑이시기 때문이다. 이런 사랑으로 공급받고 살아갈 때, "이같이 한즉 하늘에 계신 너희 아버지의 아들이 되리니"라고 말씀한다. 하나님의 자녀가 되는 것이다. 그래서 우리는 자녀로서 하나님의 성품을 닮아야 한다. 이것이 하나님 나라 삶의 모습이며 그 삶의 모습을 이 땅에서 표현해내는 것이다.

> 마 5:45 하나님이 그 해를 악인과 선인에게 비추게 하시며 비를 의로운 자와 불의한 자에게 내려주심이라

> 마 5:47 또 너희가 너희 형제에게만 문안하면 남보다 더하는 것이 무엇이냐 이방인들도 이같이 아니하느냐

이방인이란 하나님이 없는 자들을 의미한다. 예수 그리스도를 믿는 사람들처럼 아버지의 성품을 닮으려 하는 자들이 아니다. 저들은 세상 가치가 전부인 자들이다. 그런데 우리는 다르다. "너희 형제에게만 문안하면 남보다 더하는 것이 무엇이냐" 하는 이것이 다른 것이다. 서기관과 바리새인보다 난 의가 있는 말이다. "이방인들도 이같이 아니하냐 그러므로 하늘에 계신 너희 아버지의 온전하심과 같이 너희도 온전하라" 여기가 바로 천국에 들어가는 기독교 신앙의 본질이 설명되는 부분이다. 우리가 하나님과 연합하고 하나님을 닮아야 한다는 것이 무엇을 의미하는 것인가? 하나님의 거룩함이다. 거룩하다는 것은 윤리와 도덕적인 문제가 아니라 하나님의 속성을 의미한다. 하나님께만 유일하게 존재하는 것이 바로 사랑, 아량, 용서 이런 것들이다. 이것은 사람에게는 없다. '아닌데, 있는데' 이렇게 생각할 수 있지만 사람이 용서한다는 것은 우월감이며 사람의 고귀함의 자랑이다. 상대방을 위해서 그런 마음을 가지는 사람은 없다. 하나님만이 하실 수 있다. 하나님의 성품을 닮은 것이 하나님의 나라를 소유한 백성들이 이 땅에서 살아가는 삶의 모습이라는 말이다. 동시에 하나님 나라와 교회가 하나 됨을 말하는 것이기도 하다.

예수 믿는 사람들의 신앙적 싸움은 옳고 그름이 싸움이 아니

다. 또한 내가 낫다는 싸움도 아니다. 천국을 소유한 백성들의 싸움은 하나님을 닮고 하나님 앞에 서는 싸움이다. 모든 것이 그 나라에 초점을 두고 이 땅에서 삶을 살아야 한다는 말이다. 이것이 교회가 하나님 나라를 소유하고 그 나라의 삶을 살아가는 방식이기 때문이다. 천국에서 합당한 삶은 무엇인가? 기독교 신앙이란 무엇인가? 그것은 하나님 성품을 닮는 것이다. 그분께서만 공급하는 거룩함에 속하는 것, 신령한 것으로 채우는 것이다. 그것이 신자 된 책임이며 보상이며 권리이다. 이것이 우리가 이야기하는 세상의 빛과 소금인 것이다. 왜냐하면 우리는 천국 백성이요, 그 나라와 우리는 연합되어 있기 때문이며 교회와 한 몸을 이루고 있는 것처럼 천국 백성과 한 몸을 이루고 있기 때문이다.

그래서 우리는 존재로서 다른 것이 된다. 우리가 사람들을 구제하고 불쌍히 여기고 어떤 일을 해서 빛이고 소금인 것이 아니라, 존재가 다르다는 것이다. 빛이라는 존재 그 자체이다. 우리가 진정한 신앙의 가치와 그 내용의 진전을 무엇으로 확인하고, 또한 천국의 삶을 이 땅에 사는 것을 무엇으로 확인할 수 있는가? 하나님을 닮고 있는가를 보면 된다. 그 나라의 백성으로 살아가는 모습이기 때문이다. 하나님을 닮는다는 것은 천국의 통치를 받는다는 뜻이요, 천국은 하나님이 통치하는 곳이므로 동일하게 교회가 천국의 삶을 사는 것이 된다. 이것이 교회의 신비이다. 그러므로 지체들은 이 땅에서 천국의 통치를 받는 천국의 삶을 살아야 하고 지체들은 천국을 맛보며 살아야 한다.

3. 교회는 하나님 나라와 연합되어 있어서 하나님 나라 언어를 사용해야 한다

천국의 언어는 지금 우리가 사용하고 있는 언어와는 다르다고 말할 수 있다. 예를 들어, 전 세계인들이 천국에 가는데 그러면 천국에서도 통역이 필요할까? 그것은 아니다. 그렇다면 천국에는 천국에서만 사용하는 언어가 있다고 봐야 한다. 방언을 천국의 언어라고 하는 이유는 영적인 교감이 있기 때문인데 물론 방언 자체가 천국의 언어가 될 수는 없겠지만 가시적으로 이 땅에서 천국의 언어를 맛보는 형태일 수는 있다. 우리가 천국을 이 땅에서 상세히 설명할 수 없다. 왜냐하면 천국을 이 땅의 언어로 설명할 때 천국은 이미 천국이 아니기 때문이다. 왜냐하면, 그만큼 천국은 우리의 언어로 표현될 수 없는 부분이기 때문이다. 만일 우리가 아파서 의사에게 진료받을 때 아픈 곳을 의사가 느낄 수 있도록 상세히 설명이 가능한가? 그렇지 못하다. 이것이 언어의 한계성이라고 한다. 이 언어의 한계성으로 천국을 설명할 수 없다는 것인데, 그러면 천국에서는 천국의 언어가 따로 있다는 말이다.

예수님도 이 땅에 오셨을 때, 3가지 한계성을 가지고 사역하셨다. 첫째는 언어의 한계성, 둘째는 공간의 한계성, 셋째는 시간의 한계성이다. 예수님은 오늘의 세상을 알고 계셨다. 하지만 예수님 사역 당시 오늘의 세계를 설명할 수 없다. 이것이 언어의 한계성이다. 공간을 오갈 수 있지만 100% 인성의 삶을 살아야 하셨기 때문에 부활 전에는 공간의 제약을 받으셨다. 그리고 예수님은 초월자이시다. 즉, 시간 밖에 계셨던 분이시라는 말이다. 천국은 시간 밖에 있는 나라이다. 그런데 예수님이 이 땅에 오셨다는 것은 시간 안으로 들어오셨다는 뜻이 된다.

그러면 천국의 언어는 무엇을 말하는가? 우리가 하나님 나라를 이야기하면서 이런 부분을 먼저 짚고 넘어가 보자. 우리가 말씀에서 멀어지고, 예배에서 멀어지고, 세상과 자꾸 친해지면 세상적 언어에 물들기 시작한다. 세상적 언어에 물들기 시작하면 그 중심이 사람의 생각과 마음과 행동으로 옮겨지게 되어 있다. 그래서 찬송보다 유행가가 좋고, 경건 서적보다 일반서적이 감동된다. 그리고 전반적으로 세속적 문화에 젖어 들게 된다. 이렇게 세상으로 시각과 중심이 옮겨지면 모든 삶 영역의 기준이 윤리와 도덕이 되어 인본주의적 생각을 하게 된다. 이것이 문제가 되는 것은 모든 것의 판단 기준이 세속적 윤리와 도덕이 기준이 되어 인본주의적 관점에서 교회를 보게 되는 위험성이다. '교회가 뭐 저래, 자기들만 교제하고, 이기적이고, 목사는 또 왜 저래, 외제차 타고 다니고, 큰 평수 아파트에 살고, 저런 것 다 성도들의 호주머니에서 나온 것 아냐?' 그래서 교회가 윤리와 도덕에서 벗어나면 모질게 비판의 대상이 되고 교회를 혐오스럽게 생각하게 된다는 것이다.

하나님을 믿고 하나님 중심적인 삶을 살아가는 사람들은 하나님 말씀을 기준으로 삼는다. 일부 목사는 저 모양이지만, 일부 교회가 좀 잘 못 하지만, '하나님은 실패하지 않으시는 분이시다, 하나님은 어떻게 해서든지 다듬으시고, 고치시고, 빚으셔서 목사로 만들어 낼 뿐만 아니라 목사로서의 부르심에 합당한 자로 세울 것이다.'라는 하나님의 관점에서 볼 수 있는 시각이 열리는 것이다. 성도가 잘못을 해도 하나님이 지금 다루시고, 세우시고 있는 과정이라는 시각을 가지고 인내하며 하나님의 일 하심을 기다릴 수 있다. 시각과 해석이 완전히 다른 것이다. 이런 말을 하는 이유는 언어의 해석이 다른데 하나님의 관점에서 언어적 해석을 해야만 하나님의 말씀을 이해할 수 있고 깨달을 수 있다는 것이다. 그래야 하나님의 언어를 사용하게 되고 하나님의 관점에서 모든 것을 해석할 수 있기 때문이다.

혹시 집사가 술을 먹고 비틀거리며 거리를 지나가는 모습을 보면 어떻게 그 장면을 이해할 수 있는가? '집사가 되어서 저 모양이야, 저러니 교회가 문제고, 내가 교회 갈 마음이 없는 거지.' 이런 해석이 가능하다. 그런데 이런 해석도 가능하다. '만일 저분이 예수님을 안 믿었으면, 술 중독자가 되었을 텐데 그나마 은혜 가운데 조금씩 좋아지고 있다.' 바로 성경적 해석이라고 본다. 말장난을 하자는 것이 아니다. 변명하자는 것도 아니다. 왜냐하면 성경에는 초보의 신앙에서 성장해야 하는 신앙의 삶을 제시하고 있기 때문이다. 집사 부부의 싸우는 소리가 옆집을 통해 들려

와도 '저분들 만일 예수 안 믿었으면 이미 이혼했을 부부야' 이런 해석이 가능해야 지체들이 인내하며 기다릴 수 있고, 연합할 수 있을 뿐만 아니라 하나님 관점에서 언어를 사용할 수가 있고, 해석할 수 있다. 동시에 이런 삶 가운데 하나님의 일 하심을 볼 수 있다. 이게 성경적 언어요, 해석이다.

4. 무엇이 천국의 언어가 되는가?

1) 성경 말씀이다

성경 말씀이 천국의 언어이다. 천국의 언어가 가시적으로 나타나는 곳이 바로 예배인데, 예배는 하나님의 계시와 인간의 응답으로 이루어지는 것이다. 하나님의 말씀에 응답하는 그 응답의 삶이 바로 천국의 언어에 순종하는 삶으로 이해해야 한다. 교회의 머리 되시는 예수 그리스도와 교회는 연합되어 한 몸을 이루고 있는데, 예수님의 명령에 순종하는 것은 예수님의 말씀을 따르고 있다는 뜻이다. 이 말씀이 바로 가시적으로 교회에 나타나는 천국의 언어라고 할 수 있다. 가시적으로 나타난 천국의 언어에 통치받고 있다면, 하나님 나라에 속한 자라고 할 수 있다. 즉, 하나님 나라와 연합된 자라는 뜻이다.

2) 찬양이다

찬양은 세상 언어가 아니라 하나님이 받으시는 언어이다. 그러므로 찬양은 하나님의 언어로 부르는 노래라고 할 수 있다. 왜냐하면, 찬양은 믿음의 고백이요, 삶을 통한 기도이기 때문이다. 그래서 찬양을 통해 감동도 받고, 찬양을 통해 응답도 받고, 찬양을 통해 우리의 삶을 올려드리는 것이다. 하나님께 영광을 돌리는 언어가 천국의 언어라고 할 수 있다. 이 땅에서는 천국의 언어를 이해할 수 없다. 그러나 천국 언어의 형태를 맛볼 수 있는 부분 중의 하나가 찬양이다. 우리가 사용하는 언어는 이 땅의 언어이지만 이 언어를 어떻게 사용하느냐 하는 것은 중요하다. 이 땅의 언어로 세속적인 노래를 부를 수 있고, 음담패설 적인 언어를 사용할 수도 있다. 그렇게 되면 이 언어는 세속적 언어가 된다. 하지만 이 땅의 언어로 하나님 나라의 언어로 삼을 수 있는데 그 중의 하나가 바로 찬양이다. 왜냐하면 이 언어로 하나님을 높이고 경외하며 예배로 나아가는 언어가 되기 때문이다.

3) 기도이다

　방언으로 하는 기도를 예를 들어 설명하는 것이 하나님의 언어적인 관점을 이해하는 데 도움이 될 것 같다. 창세기 11장에는 바벨탑 사건이 나온다. 이들은 역청으로 진흙을 대신하는 벽돌 굽는 신기술을 개발했다. 그래서 이들이 생각해 낸 것이 바로 탑을 쌓아 하늘에 닿자는 것이다. 이 말은 하나님의 주권과 권위에 도전하는 행위이며, 하나님의 창조 사역에 도전하는 사악함이었다. 하나님은 왜 이런 사악한 일들을 행하는지 잘 아시고 계셨다. 그것은 이들의 언어가 하나가 된 것이 힘을 합치게 되는 원인이 되었고, 그들이 모은 힘이 교만으로 이어져 인본주의적 사고를 하고 행한 것이었다. 그러므로 하나님은 이들에게 언어를 흩으시는 심판을 하신 것이다.

그런데 이 언어가 일시적이기는 하지만 언제 통일된 하나의 언어로 회복되는가 하면 바로 성령강림 사건 때였다. 120명의 성도가 마가의 다락방에서 기도할 때 예수님이 약속하신 성령이 강림하시고, 기도했던 성도들이 성령의 감동을 받아 밖으로 뛰쳐나가 복음을 전하게 되었는데, 여기서 하나님이 방언의 언어를 사용해서 복음을 전하게 했다. 이 방언은 각 나라 사람에게 전해지는 복음 선포였다. 일시적으로 이들에게 통일된 언어를 회복시키신 것은 절기를 지키기 위해 디아스포라, 각 다른 나라에서 살던 유대인들이 예루살렘으로 유입되었고, 이들에게 복음을 전하기 위해 성령께서 언어를 하나로 묶었다. 즉, 방언 기도가 하나의 언어로 된 하나님 나라의 언어로 표현되는 것이다. 이런 이야기를 하는 이유는 영적 언어는 통일된 천국 언어로 이해해야 하기 때문이다. 기도할 때 마음속으로 하던, 부르짖으면서 하던 상관없이 하나님은 들으시는데, 언어로 표현되지 않은 부분까지 하나님은 다 알아듣는다. 즉, 우리가 하나님께 간구하는 모든 언어, 방언이든지, 속으로 기도하든지, 부르짖든지 할 것 없이 다 알아듣는 이유는 하나님과의 소통하는 방법이요, 그 소통은 하나님과의 관계에서 하나 됨으로 인해 나타나는 독특한 하나님 나라의 언어이기 때문이다.

결론적으로 말하자면, 천국은 하나님 나라이며, 하나님의 백성이 들어가는 곳이다. 하나님의 백성들이 들어가는 곳이란 하나님의 통치에 순응하는 자들만이 들어가는 곳이며, 하나님의 통치는 의와 진리와 거룩이다. 이런 의와 진리와 거룩의 삶은 결국 하나님 나라를 맛보는 삶이며, 이 목적된 삶을 교회는 지체들과 연합되어 삶을 살아가는 존재들임을 알아야 한다. 하나님 나라의 존재로서 이 땅에 삶을 살아가는 우리는 하나님 자녀라는 엄청난 특권과 얼마나 굉장한 신분인지를 매일 확인하며 천국의 언어로 그 나라를 맛보며, 그 나라를 소망하며, 그 나라를 준비하는 삶을 살아가는 한 몸의 교회가 되어야 한다.

Chapter 8

한 몸의 원리로
나타난
신비함과 풍성함

교회로 부름을 받은 성도들의 특권을 이해하기 위해서, 하나 됨으로, 친구로 부르심, 신랑과 신부로, 교회의 지체로, 나무에 붙어 있으므로, 그리스도 안에서, 이 모든 말은 같은 말인데, 이렇게 여러 가지로 표현될 만큼 예수님과 하나 됨의 축복은 엄청나다. 그러니까 설명에 대한 표현이 얼마나 풍부한가 하는 것이다. 예를 들어서, 예수님이 교회의 신랑 되시고 교회를 그의 신부로 부르신다는 말속에 표현된 상징을 두고 성도의 한 몸의 원리나 특권을 충분히 설명할 수 있다. 그것은 마치 신부가 갖는 한 몸의 원리나 특권이 그 의미에서 나타나기 때문이다. 결혼을 하면 신부는 신랑의 모든 것을 함께 나누기 시작한다. 신랑이 가지고 있는 모든 것을 공유하게 되어 있지 않는가? 남편이 부자면 부자로 함께 나누고, 남편이 높은 지위를 가지면 부인도 똑같은 대우를 받는다. 군대에서는 남편이 소령이면 부인은 중령이라는 농담의 말을 할 정도로 같은 위치에서 대접받는다는 뜻이다.

　우리가 기억해야 할 것은 교회가 그리스도의 신부라는 것이 갖는 말속에 들어 있는 특권들이 무엇인가를 잘 모르기 때문에 가난한 신앙생활과 가난한 교회가 되고 있다는 점이다. 대부분

성도의 생각에 신앙생활을 잘하는 것은 교회 출석을 빠지지 않고 성실히 하는 것에서 찾고 있다. 그래서 성도들은 교회에 성실히 나오는 것이 의무와 책임이라고 생각한다. 원래는 교회 출석을 성실히 하고 싶지 않았지만, 국방의 의무 때문에 군 생활을 하듯, 예수를 믿기로 했으니 교회 나오는 것이 '의무'라고 생각해서 교회 출석하는 교인들이 많이 있다. 교회 출석을 잘하니까 '집사' 직분도 받고, 집사가 주일날 결석하면 여러 말들이 있을 수 있으니까(시험에 들었다느니, 집안에 문제가 있다느니 하는 여러 말들이 나올 수 있다), 습관적으로 주일을 대충 때우는 식의 신앙생활, 형식적인 신앙생활을 하는 경우가 많다. 교회가 그리스도의 신부라는 것을 안다면 영광이나 충만이나 기쁨을 알게 될 것이다. 신부가 신랑 되신 그리스도와 연합되고 하나 되었을 때 누리는 것이 무엇인지는 말로 설명할 수 없는 거대한 비밀과 신비와 계획들이 숨어 있다는 것이다. 이것을 성경의 기초 위에 체험적으로 알아가기를 원한다.

우리가 하나 되었을 때 나타나는 현상, 그분의 권세와 능력과 충만함을 공유하며 이양된 것으로 인해 우리가 복을 받을 수밖에 없고 절로 열매를 맺을 수밖에 없고 주의 크신 일을 감당할 수밖에 없음에 대해 분명히 알아야 한다. 주님과 교회를 아담과 하와 즉, 부부의 관계로 설명하면서 부부는 아담의 갈비뼈를 취해 하와를 만든 것처럼 그 둘은 독립된 가운에 뜻이나 마음을 같이하는 하나가 아니라 누구는 '팔'이요 누구는 '다리'인 것과 같은 하나 됨을 의미하고 있다. 동시에 예수님과 우리가 그런 뼈와 살로 하나 됨을 에베소서 5장 30-32절 "우리는 그 몸의 지체임이니라 그러므로 사람이 부모를 떠나 그 아내와 합하여 그 둘이 한 육체가 될찌니 이 비밀이 크도다 내가 그리스도와 교회에 대하여 말하노라" 말씀에서 설명하고 있다. 에베소서 5장 30절 끝에 "뼈 중의 뼈요 살 중의 살"이라는 것이 빠져있다고 했다. 그러면서 에베소서 5장 31절에서 아담과 하와의 말이 그대로 나온다. 이처럼 우리를 대우하시며 우리를 충만함으로 초대하고 있는 것은 언어로 표현될 수 없는 풍성함이며, 거대함이며 이것이 천국에서 명확히 드러나는 충만이라, 전반적인 것을 실질적으로 알 수 없는 비밀과 같은 신비함이라고 말할 수밖에 없다.

1. 하나 됨으로 나타난 풍성함

하나 됨으로 인해 나타난 풍성함에 대해 알아보기 위해서 그리스도와 교회의 관계를 좀 더 깊이 다루어 보자. 주님과 하나 됨으로 나타나는 것 중에 생명을 그와 함께 나눈다는 의미가 있다. 생명을 그와 나눈다는 것은 재미있는 일인데, 이것은 그분이 우리와 어떤 의미에서 운명을 같이 한다는 뜻과 같다. 그는 우리가 없으면 혼자 존재하지 않겠다는 의지를 드러낸 것으로 이와 같이 우리를 대접하고 있다는 뜻이다. 골로새서 3장 4절 "우리 생명이신 그리스도께서 나타나실 그 때에 너희도 그와 함께 영광 중에 나타나리라" 말씀은 '주께서 우리에게 생명을 주셨다' 하실 때에 생명을, 어떤 물건을 우리에게 나눠준 것으로 생각하면 오산이다. 이것은 훨씬 긴밀한 표현이다. 생명을 무엇이라고 했는가? 예수 그리스도가 곧 우리의 생명이라고 했다. 그러니까 우리는 예수님이 없으면 죽은 목숨이다. 예수님께서 그의 생명을 우리와 나누었기 때문에 우리 없이는 만족하지 않으시기로 작정하신 것이다. 예수님은 우리와 생명을 나누기로 하셨다. 그가 우리의 생명을 주시는 정도가 아니라 그는 우리의 생명이다. 그와 우리는 불가분의 관계, 나누어질 수 없는 관계를 맺는다. 마치 아내가 남편의 일부인 것과 같다.

상식과 예의가 있는 남편이라면 식당에 가서 식사하게 될 때 아내가 뭘 원하는지 물어보게 되어 있다. 내가 기준이 되는 것이 아니라 아내가 기준이 되어 물어보는 것은 상식이다. "여보, 뭘 먹고 싶소." 이렇게 물어봐야 한다. 현실적으로 그렇게 하지 않는다면 가정의 평화를 유지하기가 쉽지 않을 것이다. 음식을 먹을 때, 내가 먹고 싶은 것을 먹지 않고 아내가 잘 먹고, 맛있어 하는 것으로 기뻐하는 것을 선택하는 것, 그것이 남편의 도리요 상식이다. 그러면 아내는 "당신이 먹고 싶은 것으로 먹읍시다." 이렇게 하지 않을까? 여기서 '나'만을 기준으로 하는 어떤 선택이나 결정이 없어지는 것이다. 아내를 기쁘게 하고 남편을 기쁘게 하는 이것이 피차 자기를 기쁘게 하는 것이 된다는 의미이다(지나친 표현이라고 생각할 수도 있겠지만, 이해를 도우려고 하는 말이다). 이것은 예수님께서 가지신 마음이다. 주님은 우리 앞에 넘어질 것을 놓아두시는 분이 아니다. 우리가 기뻐하는 것을 기뻐하시는 분이시다. 이것이 주께서 '우리와 생명을 나눈다'라는 말속에 숨어 있는 엄청난 내용이다. 이 생명을 나눈다는 말은 다른 말로 하면 '운명'을 우리와 나눈다는 뜻이다. 예수 그리스도를 믿는 사람들을 '그리스도인'이라고 한다. 기독교는 한문으로 표기된 '그리스도인'이라는 뜻이다. 이것은 주님의 사람이라는 말이다. 부부도 누구의 부인, 이렇게 부르듯이 우리가 그리스도인이라고 부르지 않는가? 왜냐하면 운명을 같이 하기 때문이다.

> 골 3:10-11 새 사람을 입었으니 이는 자기를 창조하신 이의 형상을 따라 지식에까지 새롭게 하심을 입은 자니라 거기에는 헬라인이나 유대인이나 할례파나 무할례파나 야만인이나 스구디아인이나 종이나 자유인이 차별이 있을 수 없나니 오직 그리스도는 만유시요 만유 안에 계시니라

우리는 인간과 인간의 구별이 없어지고 모두의 명칭이 '주께 속한 자' 즉, '주의 사랑을 받은 자', '주의 신부'로 구별되어 진다. 옛날의 것은 다 사라지는 것이다. 시집을 가면 모든 옛날 것은 다 사라지듯이 말이다.

2. 하나 됨은 우리가 하나님을 아버지라 부를 수 있게 되었다

우리는 하나님을 '아버지'라고 절대 부르면 안 되는 존재이다.

예수님께서 하나님을 '아버지'라고 불렀기 때문에 유대인들에게 '참람 죄'로 공격을 받아 십자가에 못 박혀 돌아가신 것을 우리는 잘 알고 있다. 여기서 기독교적 용어로 '아버지'라는 뜻은 '나는 하나님과 같은 지위와 권세를 받는 하나님이라는 의미'이다. 유대인들에게서 '장자'란 의미도 아버지의 권세와 유산을 받을 지위에 있는 자라는 말이다. 그런 관점에서 '아버지'란 하나님과 같은 지위와 권세를 가지고 있다는 뜻이 된다. 물론 성자 예수님은 성부 하나님과 대등 관계이기 때문에 하나님 사이에 '부자 관계'라는 호칭으로 불릴 수 있는 대등한 관계임은 분명하다. 그런데 우리는 피조물이다. 신이 아니다. 그러나 이제 주님께서 우리를 하나로 초대했고 신부로 세워 주셨기 때문에, 주께서 하나님을 아버지라 부르듯 우리도 같은 지위에서 '아버지'라 부르는 것이다. 우리의 기도가 '예수 그리스도 이름'으로 하나님께 간구할 수 있는 것도 동등한 권세를 우리와 함께 나누고 있기 때문이다. 즉, 예수 그리스도께서 우리와 하나 됨을 위해 십자가에 죽으시고 우리를 교회의 신부로 삼으셨으니 우리가 감히 하나님을 아버지라 부르는 은혜를 입은 것이다. 이것은 대단하고 풍성한 축복이다.

> 갈 2:20　내가 그리스도와 함께 십자가에 못 박혔나니 그런즉 이제는 내가 사는 것이 아니요 오직 내 안에 그리스도께서 사시는 것이라 이제 내가 육체 가운데 사는 것은 나를 사랑하사 나를 위하여 자기 자신을 버리신 하나님의 아들을 믿는 믿음 안에서 사는 것이라

예수님과 우리는 하나이다. 에베소서 5장 30-31절 "우리는 그 몸의 지체임이라 그러므로 사람이 부모를 떠나 그의 아내와 합하여 그 둘이 한 육체가 될지니"하셨다. 한 육체로 그 살과 뼈로 연합되어 있기에 하나님을 아버지라 부르는 권세를 주셨다.

3. 하나 됨은 주님이 가지고 있는 모든 것이 우리의 것이라는 말이다

교회의 하나 됨 즉, 교회의 머리와 몸으로 부르신 것은 주님이 가지고 계신 모든 것을 함께 누린다는 말이다. 아버지 것을 아들에게 준 것처럼 아들이 또 아들에게, 동시에 아들 것을 며느리에게 주듯이 그것을 동시에 누리듯이, 예수님이 가지고 계신 모든 것, 권세, 특권, 영광 등을 우리가 다 누릴 수 있다는 말이다. 구체적으로 말씀드리면, 아버지의 것이 바로 아들의 것이요, 그 아들이 이 땅에 오셔서 우리의 죄를 위해 십자가에 돌아가시고 부활하셔서 지금 교회의 머리가 되셨다. 그리고 우리와 교회의 한 몸으로 연합되었으니 예수님이 가지고 계신 모든 것을 공유하는 권세를 우리가 가지게 되었다는 말이다. 또한 교회의 신부 된 지위를 가지게 하셨으니 신랑 되신 예수님이 가지고 계신 것을 신부 된 우리가 다 누릴 수 있는 특권을 가진 것이다. 하나님이 아들에게 준 모든 권세와 충만함은 교회를 통해 다 가지게 되었다. 우리와 예수님은 하나이기 때문에 다 가질 수밖에 없다. 이것이 주님이 교회 머리 되심과 교회의 신부로, 교회의 한 몸으로 초대한 신비다.

요 17:23 곧 내가 그들 안에 있고 아버지께서 내 안에 계시어 그들로 온전함을 이루어 하나가 되게 하려 함은 아버지께서 나를 보내신 것과 또 나를 사랑하심 같이 그들도 사랑하신 것을 세상으로 알게 하려 함이로소이다

여기서 중요한 것은 '같이'인 것인데, 교회와 그리스도의 하나 됨 즉, 신랑과 신부가 대등한 관계이기 때문이다. 이것이 교회의 특권이다.

고전 3:23 너희는 그리스도의 것이요 그리스도는 하나님의 것이니라

무엇이 제일 지혜로운 것인가? 주님을 붙잡을 때이다. 세상의 모든 것은 주의 것이니 내가 주님을 붙잡고 있으면 주의 것이 다 내 것이 된다. 21절의 "그런즉 누구든지 사람을 자랑하지 말라 만물이 다 너희 것임이라" 하는 말씀에서 우리는 영원한 나라를 물려받게 되어 있는 후사, 상속자들이고 신자들이며 교회이다.

4. 하나 됨은 예수 그리스도와 함께 영광을 나누는 자로 세움을 입었다는 뜻이다

요 17:22 내게 주신 영광을 내가 그들에게 주었사오니 이는 우리가 하나 된 것 같이 그들도 하나가 되게 하려 함이니라

주님께서는 그의 영광을 우리에게 주셨다. 이것은 모든 신자의 영광이요 그 영광의 삶이다. 23절을 보자. "곧 내가 그들 안에 있고 아버지께서 내 안에 계시어 그들로 온전함을 이루어 하나가 되게 하려 함은 아버지께서 나를 보내신 것과 또 나를 사랑하심 같이 그들도 사랑하신 것을 세상으로 알게 하려 함이로소이다" 하는 이 부분은 하나님의 영광에서 중요한 부분인데, 아버지와 아들이 하나 되어 아버지가 아들을 얼마나 사랑하는가를 예수님이 삶을 통해 나타내시어 세상이 알게 되는 것같이 우리와 주님이 하나 되어 우리의 삶을 통해 하나님이 우리를 사랑하심을 세상에 보여주고, 또한 세상은 예수님께서 우리를 사랑하심을 보고 그들이 주께로 모여드는 하나님의 영광된 삶을 사는 것이다.

우리가 하나님을 알기 위해 하나님을 찾으면, 그러니까 찾는다는 것은 하나님의 영광을 구한다는 말이다. 하나님의 영광을 구할 때 하나님의 영이 임하게 되어 있다. 하나님의 영 즉, 성령이 임하면 하나님의 영광을 보게 된다. 하나님의 영광은 하나님의 성품이다. 하나님의 성품에서 나타나는 하나님의 정의와 공의, 자비, 인자함, 진실하심, 오래 참음 등을 알 때 하나님의 영광을 본다고 표현한다. 하나님의 영광을 보게 되면 그 영광을 담아 연단과 훈련을 통해 세상에 나가서 하나님의 영광에 반응한다. 하나님의 영광이 반응된다는 것은 하나님의 정의와 공의, 자비, 인자함, 진실하심, 오래 참음 등을 통해 하나님의 뜻과 계획을 세상에 보여주고 설명되고 있다는 말이다. 이렇게 될 때 교회는 하나님의 영광으로 반응하며 세워진 하나님의 백성, 신부 된 교회가 된다. 하나님의 영광이 반영될 때 즉, 세상에 보이고 설명될 때, 열방들과 흩어진 백성들이 모여드는 은혜가 임하게 되어 있다. 이것이 하나님과 하나 되어 예수님이 머리 되시고 우리를 교회로 부르신 목적이다. 이 영광은 하나님과 하나 될 때 그 영광이 나타나며 반영할 수 있다는 것을 알아야 한다. 그래서 영광은 성경에서 언제나 그와 '함께'라는 이야기를 하는 것이다.

5. 그리스도와 하나 됨은 우리의 기쁨을 충만하게 하기 위해서이다

예수님께서 우리를 향하여 요구하시는 '친구'에 대한 의미를 보면 잘 알 수 있다. 우리를 친구로 부르신 것은 예수님과 우리를 동격의 권세와 지위에 놓겠다는 뜻이다.

요 15:11 내가 이것을 너희에게 이름은 내 기쁨이 너희 안에 있어 너희 기쁨을 충만하게 하려 함이라

이 기쁨을 우리에게 주시려는 것이 '내 안에 거할 것, 사랑 안에 거할 것, 계명을 지킬 것' 이런 단어를 나열하는 이유를 설명하고 있다. 무엇으로 신자를 기쁘게 할 수 있을까? 무엇으로 신자는 기뻐하며, 마음에 화평을 느끼고, 행복하며, 만족하는가 하는 것이다. 이것은 예수님이 우리를 친구로 부르시고 초청함으로

말미암아 충분히 누릴 수가 있다. 14절 "너희는 내가 명하는 대로 행하면 곧 나의 친구라"에서 사실은 예수님이 우리와 친구가 될 수 없는 '본질'을 가지고 있다. 그러나 예수님이 우리를 친구로 초청한 것이다. 그 이유는 예수님이 기쁨을 우리에게 주기 위해서이며, 이것이 구원의 목적이기도 하다. 이해를 좀 돕기 위해 예를 들어 요한복음 14장 27절 "평안을 너희에게 끼치노니 곧 나의 평안을 너희에게 주노라 내가 너희에게 주는 것은 세상이 주는 것과 같지 아니하니라 너희는 마음에 근심하지도 말고 두려워하지도 말라"하는 말씀을 보면 예수님이 우리에게 평안을 주신다고 했다. 근심이나 걱정거리를 없앤다는 것이 아니라 주님의 평안은 세상이 주는 것 같은 평안이 아니기 때문에 근심도 말고 두려워하지도 말라고 한다. 왜냐하면, 우리는 세상이 주는 것이 아닌, 세상이 만들어내는 것이 아닌 것을 갖고 있기 때문이다.

우리는 세상의 불확실한 것, 변하는 것, 사라질 것에 기준을 두는 것이 아니라 이 세상을 창조하신 전능하신 하나님께 기준을 두고 있다. 세상이 주는 평안은 없다. 편리는 있을 수 있겠지만 하나님의 평안은 소유할 수 없다는 말이다. 이 평안은 예수님 안에서 누릴 수 있는 평안이다. 그러므로 우리는 예수님과 하나 됨으로 친구의 지위를 받았으니 그 안에서 기쁨을 충만히 누리는 자들이다. 우리는 그분의 친구로 부름을 받았고, 하나 됨으로 부름을 받았고, 신부로서 부름을 받았고, 교회와 연합으로 부름을 받았다는 것은, 그분과 성품을 공유하고 있다는 것이며, 그분의 능력과 충만함과 지위와 권세를 이양받았다는 말이다.

6. 예수가 내려왔고 올라갔다는 의미는 충만이다

예수를 보았다는 것이 우리에게 얼마나 큰 축복인지를 알아야 한다. 볼 수 있다는 것은 구속사 시대의 축복이요, 신약시대의 축복이다. 축복 중에 가장 큰 축복은 예수의 돌아가심과 교회를 허락했다는 사실이다.

엡 4:8-10 그러므로 이르기를 그가 위로 올라가실 때에 사로잡혔던 자들을 사로잡으시고 사람들에게 선물을 주셨다 하였도다 올라가셨다 하였은즉 땅 아래 낮은 곳으로 내리셨던 것이 아니면 무엇이냐 내리셨던 그가 곧 모든 하늘 위에 오르신 자니 이는 만물을 충만하게 하려 하심이라

사도 바울이 왜 이 말을 하고 있는지를 깨달아야 한다. 승리하고 선물을 주기 위한 이야기가 아니라 '올라가셨다'라는 말씀을 붙들기 위해서 인용했다는 말이다. '올라가셨다'라는 것은 '내려오셨다'라는 것을 전제로 해서 이야기하고 있다. 그럼 왜 내려왔는가? 주려고 내려왔다. 사도 바울은 '그리스도께서 각 사람에게 분량대로 선물을 주신다.' 하는 적극적인 이야기를 하고 있다. 왜냐하면, 우리를 구원하고 천국에 올라갔다는 것으로만 이해한다면, 그리스도를 향한 하나님의 뜻을 완벽하게 이해할 수 없게 된

다. 그냥 올라간 것으로 끝나는 것이 아니라 성령이 이제 내려왔고 예수는 교회의 머리가 되었다. 9절 "올라가셨다 하였은즉 땅 아래 낮은 곳으로 내리셨던 것이 아니면 무엇이냐" 말씀에서 '올라가셨다'라는 것을 왜 이렇게 강조하는지 사도행전 2장에서 구체적으로 알아보자.

> 행 2:33   하나님이 오른손으로 예수를 높이시매 그가 약속하신 성령을 아버지께 받아서 너희가 보고 듣는 이것을 부어 주셨느니라

성령이 이 땅에 왔다는 것은 예수가 하나님 나라에 올라갔다는 증거다. 그리고 이 땅에서 교회를 통해 하나님이 뜻을 이루고 있음을 증명하는 일이다. 마태복음 28장 20절 하반 절에 "볼지어다 내가 세상 끝날까지 너희와 항상 함께 있으리라"라고 한 것은 이제 교회의 머리가 되어 하나님 나라와 교회를 통치하겠다는 의미도 된다. 그리고 교회를 통해 이제 비밀과 풍요로움과 충만함과 신비함을 부어 주어 우리를 통해 이 모든 것을 드러내기를 원하고 있다. 이것을 위해 올라간 것이고, 성자 하나님의 권세로 이 일을 이루는 것이다. 예수님이 내려오셔서 한 일이 구원이었다면, 올라가서 한 일은 구원받은 백성이 하나님의 영광을 드러내고 하나님 나라를 선포하고 확장하는 일들을 위해 하늘과 땅의 권세를 우리에게 맡기고 이 일을 끊임없이 이루기 위해 교회의 머리가 되어 교회를 통치하고 있다는 것이다. 그래서 바울은 "너희를 하나 되게 하려고 불렀다. 그리고 하나님의 모든 충만한

것으로 충만케 되는 일이 이제부터 가능해졌다"라고 이야기하고 있다. 우리를 죄에서 구원한 이가 즉, 십자가의 지극히 크신 사랑으로 우리를 의로운 자로 부른 이가 이제 우리를 어떻게 영광스럽게 하며 어떻게 충만하게 할 것인가 하는 것을 이야기하고 있다. 이 일을 위해서 에베소서 4장 8절에 언급된 것처럼 우리에게 분량대로 선물을 주었다고 약속하고 있다. 이 부분을 성령이 우리를 향해 끊임없이 증명하고 있다.

한 교회로 우리를 모으고 친히 그 머리가 되며 그 몸으로 우리를 부르고 각자에게 지체로 삼아 이 장성한 분량으로 비밀과 풍부함과 충만함을 서로 확인할 수 있도록 허락한 곳이 교회이다. 내려와서 허락한 것이 중요하다. 죄의 쇠사슬에서 구원시키기 위해 이 땅에 와서 우리를 하나님 자녀 삼았다. 그리고 끝이 아니라 이제 올라가서 성자 하나님의 권세를 가지고 우리를 이끌며 교회를 통치하겠다는 것이 예수님께서 이 땅에 내려오신 이유이다. 그래서 교회의 신비함은 다양함 속에서 풍성함이 있다. 그러므로 우리는 교회를 떠나서 하나님의 뜻을 이해할 수 없다. 교회를 떠나서는 신비함이나 풍성함을 보장받을 수 없다. 올라가서 성령을 통해 교회를 세운 풍성함의 구체적인 내용을 누가복음 7장 28절 "내가 너희에게 말하노니 여자가 낳은 자 중에 요한보다 큰 자가 없도다 그러나 하나님의 나라에서는 극히 작은 자라도 그보다 크니라 하시니"에서 찾아보자. 여자가 낳은 자 중에 요한보다 큰 자가 없다는 것은 구약에서 아브라함, 이삭, 야곱을 아브라함의 하나님, 이삭의 하나님, 야곱의 하나님으로 표현을 할 만큼 큰 자들이다. 그런데 그런 자들보다 요한이 크다고 이야기하고 있다. 예수님을 이 땅에서 직접 본 자와 그렇지 않은 자들의 차이가 여기에 있다. 그분의 계시를 들은 자와 그렇지 않은 자의 차이가 여기에 있다는 것이다. 그런데 중요한 사실은 우리가 천국에서 이 요한보다 적은 자가 없다고 한다. 왜냐하면, 우리는 예수님과 한 몸으로 연합된 자로 부름을 받았기 때문이다. 이것이 얼마나 신기하고 풍요롭게 표현되었으면 여자가 낳은 자 중에 이보다 큰 자가 없다는, 요한보다 우리가 크다고 말하겠는가? 얼마나 풍요롭고, 충만하고, 신비하기에 말이다. 그 풍요로움과 충만함은 도대체 어떤 크기인지 '그러나'에서 나타나 있다. "그러나 하나님 나라에서는 극히 작은 자라도 그보다 크니라 하시니" 말씀의 내용이 우리의 실제가 되어야 한다. 모든 것이 하나님의 계획 속에서 이루어졌고, 그 계획과 뜻이 이루어지고 있기 때문이다. 결론적으로, 예수님과 하나 됨으로 인해, 이런 신비함과 충만함으로 채워지는 교회 지체라는 것을 이제 지식적이 아닌 체험적으로 알아야 한다.

Chapter 9

한 몸의 원리로
나타난 열매

열매는 삶의 결과물이다. 그리고 그 결과물은 그리스도 안에서 나오는 열매이다. 그리스도 안에서 지체들이 맺는 열매는 교회를 통해서 나타난다.

롬 12:5　이와 같이 우리 많은 사람이 그리스도 안에서 한 몸이 되어 서로 지체가 되었느니라

요 15:4-5　내 안에 거하라 나도 너희 안에 거하리라 가지가 포도나무에 붙어 있지 아니하면 스스로 열매를 맺을 수 없음 같이 너희도 내 안에 있지 아니하면 그러하리라 나는 포도나무요 너희는 가지라 그가 내 안에, 내가 그 안에 거하면 사람이 열매를 많이 맺나니 나를 떠나서는 너희가 아무 것도 할 수 없음이라

그리스도 안에서 한 몸은 우리가 무조건 가지가 나무에 붙어 있으면 반드시 열매를 맺을 수밖에 없는 존재라는 것이다. 붙어 있으면, 연합되어 있으면, 그 안에 있으면은 같은 의미이다. 그러면 열매는 자동으로 맺는다는 뜻이다. 우리에게 직분을 주신 이유, 우리에게 은사를 주신 이유, 우리에게 달란트를 맡긴 이유는

열매 때문이다. 직분을 통해서, 은사를 통해서 열매를 맺기를 원하고 있다. 시편 1편은 열매에 대한 풍성한 그림을 보여주는 말씀이다. 시편 1편 3절에 보면, "그는 시냇가에 심은 나무가 철을 따라 열매를 맺으며 그 잎사귀가 마르지 아니함 같으니 그가 하는 모든 일이 다 형통하리로다"라고 기록되어 있다. 철을 따라 열매 맺는 인생, 우리가 기대하는 인생이 바로 이런 모습이다. 요한복음 15장 16절에 보면, 예수님께서는 "너희가 나를 택한 것이 아니요 내가 너희를 택하여 세웠나니 이는 너희로 가서 열매를 맺게 하고 또 너희 열매가 항상 있게 하여 내 이름으로 아버지께 무엇을 구하든지 다 받게 하려 함이라"라고 말씀하셨다. 당연히 받을 수밖에 없는 위치와 운명이라는 것을 우리는 하나 됨에서, 신부로서, 교회로서, 친구로 초청함으로 인해 분명히 하고 있다.

바울은 감옥 안에 있었지만, 열매를 맺었다. 자기와 함께 바울을 지키고 있던 시위대 사람들에게 복음을 전했다. 그래서 시위대 사람 중에 예수님을 믿는 사람이 생기기 시작한 것이다. 그들은 바울이 평소에는 만날 수 없었던 사람들이었다. 그리스도 안에서 하나 됨을 통해 어디서든지 하나님의 영광이 보이는 것이다. 열매는 반드시 붙어 있으면 열린다. 한 몸으로 부르심을 받았으면 반드시 열매가 맺힌다. 그런데 바리새인들이 굉장한 열심과 율법을 철저히 지켰음에도 불구하고 그들에게는 왜 열매가 없는 것인가? 당연한 말이지만 가지가 나무에 붙어 있지 않았기 때문이다. 그러니까 그리스도 안에서 한 몸이 되지 않았기 때문이다. 아무리 열심을 내어도, 아무리 충성을 해도 가지가 나무에 붙어 있지 않으면 열매는 전혀 맺힐 수 없다. 다만 육체의 열매는 맺을 수 있겠지만 말이다. 골로새서 1장 19절에 "아버지께서는 모든 충만으로 예수 안에 거하게 하시고" 이렇게 기록되어 있다. 하나님께서는 온 우주에 충만으로 채워져 계신다. 그 영광이 충만하고, 지혜가 충만하고, 능력이 충만한 분이다. '충만'이라는 단어는 사람에게 붙일 수 없다. 오직 하나님께만 쓸 수 있는 단어이다. 하나님께서는 모든 충만으로 우리를 예수님 안에 거하게 하셨다. 우리가 예수님 안에 거하면 이 충만이 흘러나오게 되어 있는데 그것이 열매로 나타나는 것이다.

그러면 무엇이 열매인가? 열매는 하나님의 성품이다. 이 성품을 우리가 그리스도 안에서 담아 연단과 훈련을 통해 빚어지고, 깨어지고, 녹아져서 그리스도의 성품을 세상에 발산함으로 인해 세상이 우리를 보고 하나님이 살아계심을 볼 수 있을 때 하나님은 영광을 받으시는 것이다. 중요한 것은 가지가 나무에 반드시 붙어 있듯, 붙어 있으면, 교회의 한 몸으로 부름을 받았으면, 교회의 신부로, 예수님의 친구로 초청을 받았으면, 열매를 맺을 수밖에 없는 존재라는 것을 절대로 잊지 말아야 한다. 이런 지위와 특권을 가진 우리가 누릴 수 있는 엄청난 것을 성경에서 나타난 언어로 표현했지만, 이것이 교회로 부름을 받아 한 몸의 지체로서 채워질 충만함이 이론적이 아니라 실제로 체험되어야 한다.

1. 열매를 맺을 수밖에 없는 근거

세상 사람들이 세상을 보는 것과 그리스도인들이 세상을 보는 것은 분명히 달라야 한다.

갈 6:7-8   스스로 속이지 말라 하나님은 업신여김을 받지 아니하시나니 사람이 무엇으로 심든지 그대로 거두리라 자기의 육체를 위하여 심는 자는 육체로부터 썩어질 것을 거두고 성령을 위하여 심는 자는 성령으로부터 영생을 거두리라

우리가 이 땅에서 심는 대로 거두는 것에 대해서는 이해하지만, 영적으로 심고 영적으로 거두는 것에 대해서는 모른다. 이 세상에서 삶의 결정이 바로 육체를 심느냐 성령을 심느냐 달려 있다. 그러므로 이 세상에서 우리가 깨닫고 발견해야 할 것은 어떻게 성령을 심느냐 하는 문제이다. 어떻게 살아야만 이 세상과 오는 영원한 세계에서 기쁨과 행복과 평강의 축복을 거둘까 하는 바로 그 문제이다. 그런데 육적으로 심는 것은 세상에서 심으면 된다. 문제는 영적으로 심는 것은 세상에서 심는 것이 아니다. 영적으로 씨앗을 뿌릴 수 있는 옥토는 구원받고 난 후의 삶에서 나타나야 하기 때문이다. 그러니까 십자가를 통과한 후에 나타나는 삶이다. 십자가에 못 박히고 난 후 예수님과 함께 장사되고 예수님과 함께 부활한 삶의 영역이 우리의 삶의 영역이요, 생명을 뿌릴 수 있는 영토이기 때문이다. 그래서 구원이 없고 보혈을 지나

지 않고는 그 나라를 위해 심을 수 있는 것이 아무것도 없다.

오늘날 심각한 문제 중의 하나가 구원받지 못하고 육체의 삶을 사는데도, 그들을 십자가 복음으로 이끌지 못하고 철저히 거룩함과 신령함의 삶으로 초대하지 못한 가운데 예수만 믿으면 천국 가고 복을 받는다고 하는 것이다. 구원이 없는 가운데 지체로, 교회로 초대되지 않은 가운데 아무리 헌금을 하고, 전도를 하고, 헌신을 하는 종교 행위는 다 헛된 것이다. 왜냐하면, 뿌릴 땅이 없는 가운데 허공에 뿌리는 결과이기 때문이다. 뿌릴 땅은 구원받은 후의 삶에서 허락된다. 구원받고 교회로 부름을 받은 성도들이 행하는 모든 것이 뿌리는 씨앗이 되고 그것이 영적으로 열매가 된다. 교회는 뿌리는 대로 거두는 곳이다. 우리는 뿌릴 옥토가 있기 때문이다. 그러므로 우리가 밟은 곳마다 우리의 것이 된다. 이것이 그리스도인들에게 주어진 축복이다.

2. 열매를 맺기 위한 성경적 원리

우리가 구원받고 난 후 축복 중의 하나가 '화목'이다. 여기서 '하나님의 화목'과 '하나님과 더불어 화목'은 차이가 있다. 예수 그리스도로 말미암아 하나님으로 더불어 화평을 누리고 화목케 되는 것은 구원의 결과로 가질 수 있는 목록 중의 하나이다.

롬 12:18   할 수 있거든 너희로서는 모든 사람으로 더불어 화목

하라

만일 구원을 받지 않았으면 누릴 수 없는 복이다. 구원받았다는 은혜와 구원받지 못했다면 어떻게 될 뻔했을까? 하는 이 부분을 대비해서 생각해 보자. 즉, '예수 그리스도를 믿지 않았으면 얼마나 큰일 날 뻔했는가?' 하는 이것이 먼저 하나의 기준으로 제시되지 않고서는 '예수를 믿어 하나님의 진노를 벗어나 하나님과 화목하게 되었다'라는 것이 왜 기쁜지를 알 수 없다. 이런 부분에서 신앙의 점검이 필요한데 이 부분을 등한시하며 놓치는 경우가 있다. 그리고 구원받은 후의 삶을 명확히 모르면 잘못된 길로 갈 수 있다.

엡 2:1-3 그는 허물과 죄로 죽었던 너희를 살리셨도다 그 때에 너희는 그 가운데서 행하여 이 세상 풍조를 따르고 공중의 권세 잡은 자를 따랐으니 곧 지금 불순종의 아들들 가운데서 역사하는 영이라 전에는 우리도 다 그 가운데서 우리 육체의 욕심을 따라 지내며 육체와 마음의 원하는 것을 하여 다른 이들과 같이 본질상 진노의 자녀이었더니

예수님이 없었더라면 어떻게 될 뻔했는가를 분명히 할 필요가 있다. 예수 믿기 전에는 우리가 누구였는가? '하나님 앞에 벌받아 마땅한 존재다.' 하는 이것이 없이는 하나님과 화평하며 화목하게 된다는 것이 무엇인지 알 수 없다고 했다. 그러니까 하나

님 앞에 그의 진노와 형벌과 꾸중 앞에 있을 수밖에 없었다는 것이 인식되지 않은 한 예수 그리스도를 믿어서 하나님과 화목되었다는 것이 왜 감사 거리고, 기쁨인지, 평안인지 알 방법이 없다는 것을 확실히 해야 한다. 이런 인식이 있어야 내가 어떤 존재였는지, 얼마나 흉악한 존재였는지를 나의 속사람을 알고 돌이키기 위해 발버둥 치는 회개가 일어난다. 하나님이 나를 사랑하시지 않으셨더라면, 긍휼로 품지 않으셨더라면, 나 혼자 모든 것이 충분하다고 생각했다면, 하나님이 나의 인생에 개입하지 않았다면 큰일 날뻔했다는 것을 알고 돌이키는 것이 회개다. 회개는 천국 가는 방법론이 아니다. 착하게 살자는 각오도 아니다. 주문을 외우듯이 습관적인 관문도 아니다. 우리 인간이 누구인지를 제대로 인식하여 하나님 앞에서 '하나님 저에게 은혜를 베푸소서, 나를 홀로 내버려 두면 도저히 인생을 살아갈 수가 없습니다. 하나님 임재가 떠나가면 큰일 납니다.' 하는 깨우침을 갖는 것, 그런 자신을 볼 수 있고 하나님을 볼 수 있는 것이 회개의 길이다.

우리가 신앙생활을 하면서 우리의 약점과 연약함이 무엇인지 모르고, 죄가 무엇인지도 모르고, 무엇이 하나님 앞에 무서운 것인지도 모르고, 성경이 무엇을 요구하는지도 모르면서 교회가 믿음을 자꾸 강요하고 있다는 것이다. 신앙이 성장하지 않고 그대로 머물러 있으면서 자꾸 세속적 관점에서 신앙이라는 이름으로 끊임없이 요구만 하게 된다. '뭘 이루어 달라, 도와달라, 해결해 달라, 축복해 달라, 건강하게 해달라' 등 이루 말할 수 없는 요구들이 어떻게 보면 당연한 것 같지만, 달라고 요구하는 이유가 그 나라를 위한 것인가? 아니면 세속적인 자기 욕심인가? 확고한 구원의 출발이 잘 못 되면 이런 현상이 끊임없이 나타날 수밖에 없다. 자신에게 한 번 물어보자. 여러 유혹에 따라 빼앗긴 마음, 남이 모르는 실수 이런 것에도 불구하고 우리는 하나님의 자녀이고 우리가 얻는 바 구원이 취소되지 않은 것을 믿는가? 이것이 우리에게 신앙을 점검하는 기준이 되어야 한다. 이런 말을 하는 것은 우리가 모자람이나, 미련한 것과 실수와 부족함 이런 것으로 인해 신앙이 흔들리지 않는 것이 구원의 올바른 자세이기 때문이다.

우리가 이런저런 모양으로 죄인 된 삶을 살아가면서 하나님 앞에 감히 설 수 없고, 하나님 앞에 벌을 받아 마땅하다는 것을 인식하고 있고, 그 문제가 십자가로 분명하게 완벽히 해결되었다는 것을 동시에 약속받고 있다. 우리가 하나님과 화목에 방해될 것이 없다. 그 이유는 우리의 부족함이나, 연약함을 알고 예수 그리스도가 십자가의 화목제물이 되었기 때문이다. 그래서 우리가 하나님 앞에 자녀로서 간구하고 떼를 쓰며 배짱을 부릴 자격이 있다는 것을 알아야 한다. 결론적으로 우리가 어떤 존재라는 것을 알면 반드시 열매를 맺을 수밖에 없다. 구원받는 자들이라면, 나무에 가지가 붙어 있으면, 이 부분이 흔들리지 않는 한 우리의 삶은 반드시 열매를 자동으로 맺어가는 삶이라는 것을 알아야 한다.

3. 열매 맺음의 방해 요소

열매를 맺는 일에 가장 주의해야 할 부분이 바로 마귀의 송사이다. 마귀가 우리를 향해 "너 이러고도 구원 얻었다고 이야기할 수 있어?"라는 공격을 하는 경우가 허다하다. 특별히 과거를 가지고 공격하는 경우가 적지 않다. 우리가 예수 믿기 전에 저질렀던 실수들, 물론 예수를 믿고도 실수를 하지만, 그 옛날에 저질렀던 죄를 누가 알까 봐 두려움에 떨면서 잠 못 드는 때도 있다. 정도의 차이는 있지만, 누구나 부끄러운 과거는 있다. 세상에 태어난 사람들이 죄를 안 짓고 살아갈 수는 없다. 사탄이 계속해서 우리를 정죄하는 것 중에 "네가 지은 죄는 차마 인간의 탈을 쓰고는 할 수 없는 죄였다. 그런데 이제 예수 믿는다고 이 모든 죄가 다 없어지는 것은 아니다. 회개한다고 죄가 없어진다고 생각하면 너는 양심이 너무 없는 자다." 이런 것으로 사람을 몰아붙일 수 있다는 것이다. 그래서 한 가지 일로 날마다 반복하면서 회개하는 사람도 있다.

그런데 회개를 반복해서 할 필요는 없다. 반복해서 죄를 안 짓는 것이 중요하다. 우리가 회개하면 일부 죄만 사함을 받는 것이 아닌데도 한 가지 지은 죄목을 가지고 반복해서 회개한다는 것은 예수 그리스도 보혈의 피가 일부 죄에만 해당한다는 말이 된다. 우리가 어떤 죄를 짓는다고 할지라도 우리의 죄를 완전히 씻기시는 보혈의 능력을 믿어야 한다. 십자가의 등장은 우리의 죄가 아무리 크다 할지라도 하나님이 우리와 화목하며 평안하기로 작정하셨다는 것을 잊지 말아야 한다. 우리의 과거가 추악하고, 더러운 죄의 삶에도 불구하고 하나님이 용서하며, 사랑하며, 십자가로 완벽한 구원을 이루었다. 이 말은 그리스도 안에서 열매를 맺는 삶을 살아가는 존재로 하나님이 세웠고 누구도 그리스도 안에서 열매를 맺는 삶을 방해할 수 없다는 것이다. 우리가 죄인이라는 정죄를 날마다 받는다는 것은 과거에 지은 죄나 그리스도 보혈의 은혜로 정결함을 받아 살아가야 할 미래의 삶에 방해받을 수밖에 없다. 이런 방해가 결국 우리가 열매가 맺는 신앙생활을 하지 못하게 하는 것이다.

4. 구원으로 인한 열매

우리가 지금 죽어도 천국 갈 수 있는가? 죽음이 공포인가? 아니면 기쁨인가? 죽음은 우리에게 기쁨이 되어야 한다. 우리가 살아 있는 것에 감사하는 이유는 살아 있는 동안 그리스도의 부름과 계획을 이루기 위해서이며, 그 나라의 상급을 쌓아 놓을 기회이며, 그것은 이 땅에서 열매로 나타난다. 죽음은 우리에게 천국으로 들어가는 문이다. 해외 여행가는 기쁨으로 비행기를 타는 것과 같은 가벼운 느낌이다. 죽음이 두렵다면 구원을 다시 한번 점검하기를 바란다. 아직 죄인인데, 아직 회개도 다 하지 못했는데, 그래서 천국이 취소될 것 같은가? 이미 우리 마음에 와 계신 예수 그리스도와 연합되어 있음을 알아야 하고 또한 교회의 머리 되시는 그리스도와 우리가 연합되어 있어서 떨어질 수 없는 철저한 연합으로 되어 있다는 것을 잊지 말아야 한다. 우리는 천국 갈 사람들로 부름을 받고 그곳으로 갈 수밖에 없는 존재이다. 우리가 어떤 죄를 지었다 하더라도 그리스도 안에서 천국 가는 데 방해될 것이 없다. 한 번 구원받은 자들은 하나님이 놓친 예가 없다. 우리를 그 하나님의 사랑에서 누구도 끊을 수 없는 존재임을 다시 한번 상기해야 한다.

> 롬 4:4-5 일하는 자에게는 그 삯이 은혜로 여겨지지 아니하고 보수로 여겨지거니와 일을 아니할지라도 경건하지 아니한 자를 의롭다 하시는 이를 믿는 자에게는 그의 믿음을 의로 여기시나니

"일을 아니할지라도"라는 말씀은 구원 얻을만한 노력, 필요한 조건과 자격이 없음에도 불구하고 믿음으로 의롭다고 함을 얻는 구원을 말하고 있다. 우리가 구원을 결정한다면 우리의 죄가 문제가 되겠지만 구원은 하나님이 결정하는 일이다. 구원을 받고 살아가는 삶의 결과는 열매이다. 그 열매는 하나님 나라의 준비된 삶과 같다. 우리가 하나님 나라를 믿고 그 나라의 영광된 삶을 이 땅에서 살아야 하는데 그것이 열매를 맺는 삶이다.

5. 화목으로서의 열매

에베소서 2장 16절 "또 십자가로 이 둘을 한 몸으로 하나님과

화목하게 하려 하심이라 원수 된 것을 십자가로 소멸하시고" 여기서 유대인들과 이방인들이 한 몸 안에서 하나님과 화목하게 되었다고 말한다. 이 한 몸인 교회는 한 몸 안에서 유대인들과 이방인들이 모두 십자가를 통해 하나님과 화목하게 되었다. 유대인 중에 그리스도를 믿는 자들이나, 이방인들 중에 믿는 이들이 단지 그리스도의 몸을 위해서만이 아니라 그리스도의 몸 안에서 하나님과 화목하게 되었다. 우리는 대체로 화목을 개인적인 문제로 생각한다. 우리는 단체적인 화목에 대해 생각해 본 적이 많지 않다. 그러나 합당하고 참된 화목은 한 몸 안에 있다. 이 몸은 우리를 하나님과 화목하게 하는 도구이자 수단이다.

골 3:15   그리스도의 평강이 너희 마음을 주장하게 하라 너희는 평강을 위하여 한 몸으로 부르심을 받았나니 너희는 또한 감사하는 자가 되라

말씀에 따르면, '평강을 위하여 한 몸으로 부름을 받았다'라는 것은 총체적으로 열매는 한 몸으로 부름을 받은 자들이 맺는 열매라는 것을 설명하고 있다. 오늘날 우리는 이러한 단체적인 개념을 가질 필요가 있다. 우리는 개인적으로 구원받았다. 개인적으로 신앙고백을 했고 하나님과도 개인적으로 소통하고 있다. 하지만 이 개인이 교회로 부름을 받아 한 몸으로 연합되었을 때는 모두 함께 구원받은 자들이 한 몸 안에서 하나님과 화목하게 되는 열매를 맺는 자들이 된다.

6. 복음 전파를 통한 화평의 열매

바울의 복음 전파는 화평의 복음(엡 2:17, 6:15) 이라고 말했다.

엡 2:17   또 오셔서 먼 데 있는 너희에게 평안을 전하시고 가까운 데 있는 자들에게 평안을 전하셨으니

바울은 그리스도께서 십자가에 못 박히고 부활 후에 이방인들에게 와서 화평의 복음을 전했다고 말했다. 먼저 예수님께서 새 사람을 창조하기 위하여, 규례들을 없애고 십자가에서 돌아가시고 또한 우리를 하나님과 화목하게 하려고 자기 피를 흘리신 그리스도 자신이 그 영으로서 우리에게 와서 화평의 복음을 전했다. 복음을 통해서 화목과 화평의 열매를 맺는 삶이 교회로부터 한 몸으로부터 시작되어야 한다.

Chapter 10

교회의 통일성

엡 4:4-6　몸이 하나이요 성령이 하나이니 이와 같이 너희가 부르심의 한 소망 안에서 부르심을 받았느니라 주도 하나이시요 믿음도 하나요 침례/세례도 하나요 하나님도 한 분이시니 곧 만유의 아버지시라 만유 위에 계시고 만유를 통일하시고 만유 가운데 계시도다

이 말씀이 통일성을 이야기하고 있는 내용이다. 교회의 통일성을 이렇게 한 번 풀어보자. 예를 들어 우리가 은혜 가운데 구원을 받았다. 그리고 이제 성화의 길을 걸어가는 데 그 목적은 영화의 삶이다. 그런데 우리는 이 땅에 살면서 영화를 맛볼 수는 있지만 영화의 삶은 천국에서만 가능하다. 우리는 그만큼 연약한 존재이며, 늘 죄악에 열려 있는 존재이기 때문이다. 그런데도 영화를 목적으로 우리가 신앙생활을 하는 것처럼 교회도 완벽할 수 없다. 교회가 완성을 위해 나아가야 하지만 완성된 교회로 세워질 수는 없다. 완성된 교회가 되려면 천국의 교회만이 가능하며 이 땅에서는 불가능하다. 다시 말하지만 이 땅에서는 완성된 교회가 세워질 수 없다. 다만 교회가 통일성의 연합이 훈련으로 이루어져야 한다. 교회가 완성으로 종결되지 못하지만 통일성을 이룰 내용

과 방법이 있다. 이것을 한번 살펴보자.

1. 교회는 끊임없이 죄인들이 들어와서 통일성을 이룬다

　세상의 원리와 방법과 목적으로 삶을 살았던 사람들이 교회에 들어온다. 쉽게 말해서 세속에 물든 사람들이 교회에 들어와서 구원받고 이제 성화의 길을 걷는데, 이 성화의 길은 오랜 세월이 요구된다. 하나님의 성품, 그리스도의 성품으로 변화하는 데는 엄청난 연단과 훈련이 필요하다. 돌로 작품을 만들기 위해 빚어낼 때 한 번에 빚어낼 수 없다. 도안하고 그림을 그리고 깎아내고 다듬고 마무리로 문지르고 하는 작업으로 굉장한 노력과 수고로 만들어지는 것처럼 우리에게 그리스도의 성품으로 빚어내는 일에는 오랜 시간이 걸려 완성의 길로 간다. 그런데 한 사람이 완성의 길로 갈 때 또 다른 새 신자가 들어오게 되어 있다. 끊임없이 반복해서 세속에 물들어 있는 자들이 들어와서 예수 그리스도의 보혈의 은혜로 씻어내며 연단과 훈련을 통해 빚어내는 것이다. 그래서 교회는 완성의 길로 가지만 계속해서 치유와 고침과 회복을 통해 완성의 길로 가는데, 이런 반복이 새 신자들을 통해 끊임없이 이루어지고 있다. 그러므로 그 목적이 한 주님을 모시고 한 성령을 통해 계속 통일성을 이루어가는 데 있다.

2. 교회는 여러 사람이 모여서 통일성을 이룬다

수치를 간직한 사람, 열등의식을 가진 사람, 분노를 품은 사람, 중독에 고통당하는 사람, 어려움 때문에 자살을 시도했던 사람, 사기를 당하고 거절을 당하고 허망함 중에 있는 사람 할 것 없이 모이는 곳이 교회다. 그래서 교회를 '병원'이라고 하는 사람들이 있다. 이런 각양각색의 사람들, 병든 사람, 정신적으로 문제를 가진 사람 할 것 없이 교회에 모이지만 이 교회는 말씀으로 하나 되는 역사를 이루는 곳이다. 이런 각양각색의 사람들이 한 몸이 되고, 한 주님을 모시고, 한 성령을 통해 하나님 나라의 백성으로서의 통일성을 이루는 것이다.

3. 사람들의 타고난 성격, 본성도 하나님의 말씀에서 통일성을 이룬다

예를 들어 태어날 때부터 성품이 좋은 사람이 있다. 이것은 엄청난 복이다. 예수 그리스도를 믿는 신앙의 삶에서 최고의 자원이 된다. 태어날 때부터 머리가 좋은 아이로 태어나는 경우는 공부하는 데 얼마나 유리한지 모른다. 사실 초등학교나 중등교육에 있어서 아이큐가 좋은 아이들을 따라갈 수 없을 만큼의 역량이 있다. 마찬가지다. 성품에도 타고난 좋은 성품도 있고, 신앙적으로 좋은 성품으로 빚어진 사람들도 있다. 이 두 종류가 있는데 이 두 종류에서 목회자들은 누구를 선호하느냐 하면 아이러니한 것이 타고난 성품의 사람들을 선호한다. 목회자 선배들의 말을 들어보면 믿음 좋은 사람보다 성품이 좋은 사람을 택하여 중직자로 임명하라는 소리를 많이 하고 있다. 그 이유는 성품이 좋은 사람들은 변화 없이 꾸준히 맡은 일을 잘 감당하지만, 믿음 좋은 사람들은 믿음이 떨어지면 옛날 성품이 나온다는 말이다. 어쩌면 이런 부분이 신앙인들의 문제라고 생각하고 한 몸의 원리를 통해 이런 문제가 해결되기를 바란다.

좋은 성품으로 태어난 사람도 상대방을 배려하고, 이해하고, 높이고, 나보다 상대방을 낮게 여기고 하는 모습을 자연스럽게 감당을 한다. 그리고 신앙적으로 노력해서 좋은 성품으로 빚어진 사람도 동일하게 용서하고, 이해하고, 용납하고, 섬기고 하는 일들을 한다. 두 부류가 동일하지만, 이 둘의 통일성은 어떻게 세워져야 하는가 하는 것이다. 즉, 어느 쪽으로 통일성을 이루어야 하는가 하는 문제인데, 그것은 하나님이 하지 말라는 것은 안 하고, 하나님이 하라는 것을 하는 하나님 말씀이 기준이 되어 나타나는 성품으로 통일되는 것이다. 아무리 좋은 성품의 사람이라 할지라도 죄를 짓는다. 사악함이 있고, 추악하며, 음흉하고, 더럽고, 죄악 된 성품이 숨겨져 있다. 이 말을 좀 더 확대해서 이야기하면 타고난 좋은 성품의 사람들은 목사님의 말씀에 순종도 잘하고 교회에 협조적이다. 그런데 기쁨으로 순종하는 마음으로 하는 것이 아니라 성품으로 한다는 말이다. 말씀에 기준이 되어 섬기는 것이 아니라 성품으로 섬기게 되어 있다. 이것은 하나님 앞에 온전히 기쁨의 삶을 드리는 것이 아니라 자기 성품, 성격으로 일을 하게 되므로 이런 사람들이 마음속으로는 얼마나 스트레스를 받는지 모른다. 'No'를 못하고 억지로 하다 보니 지치고 힘들고 어려움을 당하게 되는 것이다. 이런 상황 가운데 어떻게 해서 교회를 옮기게 되면 헌신이 스트레스가 되니까 숨기 위해 큰 교회로 몰리는 현상들이 나타났다. 이것이 타고난 좋은 성품을 가진 자들의 문제점이다. 그러니까 여기서 하나님이 원하는 성품은 타고났던, 훈련으로 빚어졌던 하나님 말씀이 기준이 되어 두 부류가 같이 한 몸으로 부름을 받아 교회의 통일성을 위해 애를 써야 한다. 이런 예를 드는 이유는 누구든지 옳고 그름을 떠나, 누가 바른 생각을 하고 있고 누가 잘못된 생각을 하고 있고 이런 것이 중요한 것이 아니라 하나님이 하지 말라는 것은 안 하고 하나님이 하라는 것을 하는, 말씀 안에서 교회가 통일성을 이루어야 한다는 점이다. 결국 두 부류 모두 훈련을 받아 나오는 성품으로서의 통일성을 이루어야 한다. 좋은 성품의 사람은 연단 받기가 쉽고 그렇지 못한 사람들은 어려울 수 있지만 한 몸으로 부름을 받은 교회는 통일성을 이루기 위해 노력해야 한다. 누구든지 어떤 사람이라 할지라도 교회에서 연합되며 통일성을 이루는 데에 있어서는 그 기준이 같다. 그런 점에서 교회는 통일성을 이룬다.

Chapter 11

다양함을 통한 하나 됨

한 성령, 한 소망, 한 믿음 이런 것들을 설명하는 것은 본질적으로는 차별이 없다는 말이다. 전도를 기술적으로, 방법론적으로 하는 모습을 많이 보게 된다. 왜 전도가 기술적으로 방법적으로 가야 하는가? 이것은 내용을 담을 수 있는 그릇으로 형식과 방법이 아니라 내용은 없고 형식만 아름다운 그런 모습의 방법론적으로 가는 이유가 사실 세상 사람들 앞에 우리가 내어놓을 것이 없어서다. 하나님의 풍성하심과 충만하심과 거대하심이 우리를 통해 나타내신다고 하셨는데 이런 것들이 우리를 통해 나타나지 않는 것이다. 우리를 통해 나타내심은 하나님이 우리에게 이런 것을 허락하셨다는 말이다. 그러나 우리에게 나타나지 않는 이유가 여러 가지가 있을 수 있지만, 한 몸으로 연합되어 있지 않기 때문이다. 지체의 소중함과 그 역할과 위치와 특권을 몰라서 나타난 현상이다.

우리가 구원을 고백하는 과정에서 상대방에 의해 강제적으로 고백하는 부분도 있을 수 있고, 일단 고백하면 하나님이 구원을 시켜주실 것이라는 이성적 생각으로 고백하는 때도 있다. 문제는 구원의 고백이 중요한 것이 아니라 실질적으로 내가 그리스도와 연합되어 있다는 사실과 지체로서 한 몸으로 부름을 받고 있다는 사실을 인식하지 못하며, 구원을 감각적으로, 감성적으로 고백했을 가능성이 있다. 물론 구원받자마자 지체로 인식하거나, 하나님과 연합되어 있으며, 그리스도와 연결되어 있다는 한 몸의 원리를 알 수 없을 것이다. 그런데 문제는 오랫동안 신앙생활을 하면서도 하나님의 통치 영역 밖에 있다든지, 성장하지 못하고 있다든지, 예수 그리스도의 성품으로 변화되지 못하고 있다든지 하는 등으로 교회의 지체로서 인식을 하지 못하면 이것은 문제가 있다는 말이다.

계 3:20 볼지어다 내가 문 밖에 서서 두드리노니 누구든지 내 음성을 듣고 문을 열면 내가 그에게로 들어가 그와 더불어 먹고 그는 나와 더불어 먹으리라

라오디게아 교회 성도들에게 하신 말씀이다. 이들이 마음 문을 닫고 있어서 주님이 들어갈 수 없다는 지적을 하고 있다. 즉, 자기중심적인 삶을 살아가며 자기가 주인 된 삶을 살아가는 자들을 향한 지적이다. 구약의 구조를 보면 이스라엘 백성들이 하나님을 떠나 자기가 주인 된 삶을 살아가는 백성들에게 3가지 심판을 했다. 먼저는 전염병이며, 다음은 기근, 그다음은 칼이다. 그래서 하나님을 떠나 자기중심적인 삶을 살아가는 자들이 이 시대에 만연되어 있다면, 오늘날 우리가 당했던 코로나 전염병으로 인해 우리가 하나님께 돌아오지 않으면, 마음 문을 열고 그분이

주인 된 삶을 살지 못하면 그다음은 뻔한 일이다. 식량부족과 전쟁이 일어나지 말라는 법이 없다는 것을 우리가 성경을 통해 이해할 수 있다. 현재 우크라이나 전쟁이나 이스라엘을 통한 가자지구의 전쟁에 이어 이란과 이스라엘의 전쟁 등 중동지역뿐만 아니라 경제 전쟁으로 세계가 심상치 않게 돌아가고 있다. 이런 상황에서 지금 우리가 해야 할 일은 주께 돌아오는 것이다. 그분을 주인으로 삼고 그분과 연합되며 한 몸의 원리를 지켜내는 것이다. 그렇게 함으로 한 몸의 원리 속에 다양함을 발견할 수 있기 때문이다. 그렇지 못하면 우리에게 허락하신 사명을 온전히 이루지 못하고 교회의 역할을 온전히 감당하지 못함으로 받은 고통을 알아야 한다.

그래서 지금도 우리를 향해 성령께서 "회개하라, 돌이켜라, 돌아오라"라고 말씀하고 있고, 이 말씀에 순종하며 복종하는 결단을 통해 하나님이 주인 된 삶을 살아가는 자들에게 풍성함과 충만함과 신비함을 채워가는 것이다. 지체들이 채움을 통해 다양함으로 하나 된 교회로 세우고 교회는 세상을 향해 빛으로 소금으로 변화의 삶을 추구하는 것이다. 다양함을 통한 하나 됨을 설명하기 전에 이런 말부터 하는 이유는 교회가 다양함 속에서 연합된 아름다운 선함이 나와야 하는데 그렇지 못하기 때문이다. 다양함을 통한 하나 됨은 하나가 됨으로 끝나는 것이 아니라 그 속에서 나오는 풍성함, 충만함이 있는데 그것을 내놓지 못하고 있다. 그러면서 교회가 기술적인 것, 형식적인 것, 보이는 것에 치중하고 있다는 것이다. 그래서 먼저 하나님이 우리에게 다양함을 허락하신 특권을 구원받은 우리가 알아야 하고 그 권세와 특권을 누리는 자들이 되어야 한다.

이제 구체적으로 다양함 속의 하나 됨을 설명해 보자. 색연필이 있다. 이 색연필 색깔은 다 다르다. 빨간색, 노란색, 파란색, 연두색, 검은색 등 여러 가지 색깔로 다양하게 도화지에 표현하지만, 전체적으로 종합해서 나타나는 것은 아름다움 아닌가? 우리의 섬김과 사명과 지체의 헌신이 각자 다른 삶의 과정을 통해 하나님께 영광의 아름다움을 표현해내는 것이다. 그러니까 한 사람이 여러 가지 색깔을 내는 것이 아니다. 피아노의 음반도 마찬가지다. 고음부터 저음까지 다 필요하다. 필요하지 않은 것이 없다. 혹시 한 음이라도 소리가 나지 않으면 전체의 아름다움은 표현할 수 없다. 그래서 한 개인의 특성과 성격과 가치관이 다르지만, 그러나 한 사람을 빼놓을 수 없는 다양함과 통일성을 우리는 알아야 한다. 우리가 다 모일 때, 각 지체로 다양하게 주어진 역할로 섬김이 있을 때, 하나님의 풍성함이 교회를 통해 나타나는 것이다.

하나님은 우리의 삶에 풍요로움을 표현하고 계신다. 꽃을 보아라. 색이 다 다르다. 그 다름의 아름다움이 얼마나 놀랍게 표현되고 있는가? 코스모스를 꺾어서 집에 두면 볼품이 없다. 왜냐하면 코스모스를 피웠던 그 배경은 하나님이 만드신 풍경 속에 담긴 것이기 때문이다. 가을하늘이 있고, 산들바람이 있고, 따뜻한 햇볕이 있어 코스모스를 비춰야 한다. 이런 아름다운 조화를 통해 코스모스는 그 가치를 드러내는 법이다. 이런 조화가 교회를 통해, 하나 됨의 부르심을 통해 나타나는 것이다. 그러므로 교회는 다양함을 인정하고 그 다양함 속에서 자신의 역할을 충실히 감당할 수 있도록 서로 섬기는 일들이 있는 곳이 되어야 한다. 그래서 교회는 서로 예언해야 한다. 또 교회는 먼저 된 자가 나중 된 자를 섬겨야 한다. 또한 한 지체가 어려움을 당하면 온전하게 되도록 모두가 힘써야 한다고 말하는 것이다.

1. 한 믿음 안에서 하나 됨

모든 사람이 각자 다르다. 가치관이 다르고, 성격이 다르고, 인생관이 다르고, 삶의 터전이나 삶의 역사가 다 다르다. 그런데 왜 이 다름에서 한 마음과 한 몸으로 엮어낼 수 있는 것인가? 그것은 바로 예수 그리스도를 믿음으로 말미암아 하나님의 자녀로서의 동일한 자녀로 삼으시며 하나님의 놀라운 은혜를 우리의 다름을 통해 표현해내고 계시기 때문이다.

한 믿음 안에서 하나 됨을 풀어보자. 그리스도인들이 세상에서 많은 질책과 우려와 비판을 받고 있다. 인터넷이나 스마트 폰 등으로 인해 정보의 신속이 모든 영역에서 낱낱이 드러나고 있는데 과하다 할 정도로 정보가 유출되고 있다. 이것은 교회라고 다를 바 없다. 목사들의 윤리적인 문제와 행정적인 문제가 도마 위에 올라와서 사회적 문제가 되는 경우가 가끔 있는데 이런 문제나, 몇 년 전에 코로나 사태로 말미암아 일부 교회의 자세와 태도가 이웃을 향해 배려하는 마음으로 서 있지 못하다는 지적에 사실 할 말이 없는 상황이었다. 이런 것으로 말미암아 교회가 일부 타격을 입은 것은 사실이다. 이런 상황에서도 교회가 흔들리지 않고 굳건히 서가는 교회들이 있었다. 그 당시를 회상해 보면, 교회에서 코로나가 발생했다. 그러면 주위 자영업자들의 분노는 클 수밖에 없었는데, 자영업자 중에 그리스도인들이 있지 않았겠는가? 물론 순간적으로는 짜증이 날 수 있지만 이런 교회의 잘못으로 인해 예수님을 떠나는 일은 거의 없었다. 왜 그럴까? 우리는 환경과 여건을 변화시키는 존재인데 이 환경과 여건이 목적이 아니라 하나님 나라가 목적인 성도들이다.

성도는 한 믿음 안에서 긍휼과 사랑을 배우는 자들이기 때문에 서로 이해하고 용납하고 품어주는 삶을 살아간다. 그리고 '나도 옛날에는 그랬다'하는 사고이다. 저 사람이 세속화되어 있고, 자기중심적이고, 죄인 된 삶을 청산하지 못하고 신앙생활 한다고 비난하지 않는 이유는 '나도 옛날에는 그랬다'하는 인식이다. 그리스도를 믿기 전에는 누구나 죄인이며 죄인 된 삶을 즐겨 누려 왔다. 그런데 이제 예수 그리스도를 믿는 믿음 안에서 변화된 것이다. 내가 변화되었듯이 '너'도 변화될 것이라는 기대와 기다림이 한 믿음 안에서 있는 것이다. 그래서 먼저 믿었던 사람들이 왜 중요한가를 알아야 한다. 먼저 믿었던 사람들이 나중 믿는 사람들에게 '예수 그리스도를 믿고 하나님을 만나면 변화가 일어날 것이다'하는 바람과 기대를 하고 기도하는 자들이 되기 때문이다. 왜냐하면 나도 옛날에는 죄인의 삶을 살았는데 그리스도 안에서 변화와 성장을 체험해서이다. 이런 기대와 바람 때문에 양보하고 용납하고 이해하고 인내하고 손해 보고 사랑하는 것이다. 이것이 한 믿음에서 해석되는 내용이다.

2. 구원으로서의 하나 됨

우리가 구원을 은혜로 얻었다. 행위로 얻은 것이 아니다. 행위는 원인이 자기에게 있을 때 결과도 자기의 대가로 얻는 것이기 때문에 자랑이 될 수 있지만, 원인이 우리에게 없었는데 결과가 나왔다면 이것은 은혜이다. 그런 관점에서 예수 그리스도께서 십자가를 지고 돌아가실 때 우리는 아무것도 하지 않은 존재들이다. 하나님을 찾은 적도 없고, 구한 적도 없고, 요청한 적도 없었다. 그런 관점에서 구원은 전적인 은혜요, 이런 은혜로 구원을 얻은 성도들이 차별이 있을 수 없고, 계급이 있을 수 없고, 분리가 있을 수 없는 것이다. 사단이 우리를 '분리'로 유혹한다. 나누어지고 다투는 일을 조장한다. 우리가 구원을 은혜의 관점에서 살펴본다면 분리는 있을 수 없는 것이며 서로 각 지체로서 유기체적으로 연합되어 있다는 것을 알게 될 뿐만 아니라 차별과 멸시와 조롱거리로 삼을 수 없다는 것을 알아야 한다. 이것이 구원받은 자로서 하나 됨의 원리가 적용될 뿐만 아니라 구원을 은혜로 얻는 자들의 영광이요 축복이다.

구원에 대해 여러 차례 말씀을 드렸다. 그것은 중요하기 때문이다. 구원이 먼저 없으면 교회가 존재할 수 없다. 그리고 교회가 존재하는 이유는 구원받은 자들이 모였기 때문이다. 구원받은 자들이 모인 이유는 하나님의 언약을 실천하기 위해서다. 구원이 교회의 하나 됨으로 나타난다. 그러면 구원받은 자를 교회로 부르신 이유가 무엇인지 알기 위해서 언약이 무엇인지에 대한 설명이 필요하다. 성경에는 두 가지 언약을 통해서 하나님이 자기 백성들과 어떤 관계를 맺고 있는지를 설명하고 있다. 하나는 아브라함과 또한 그의 후손들과 맺으신 옛 언약이고, 다른 하나는 그리스도를 통해서 맺으신 새 언약이다. 언약에 두 가지가 존재하는 이유가 있다. 첫 번째 언약인 옛 언약은 단지 모형과 그림자의 역할을 했다. 옛 언약에는 예수가 없다. 그리고 짐승의 피로 드리는 제사 중심이다. 우리가 잘 알다시피 짐승의 피는 죄를 완전히 없애줄 수가 없다. 그러나 새 언약은 바로 옛 언약의 '실체'이다. 새 언약은 예수 그리스도가 중심이며 세상 죄를 지고 가는 하나님의 어린 양이신 예수 그리스도의 보혈이 있다.

언약은 히브리어 단어가 '베리트'[1147]이다. 이 단어는 '족쇄를 채우다'라는 의미를 가진 고대 히브리어의 어근에서 나온 말인데, '쪼개다'라는 의미를 가진 단어로부터 나왔다. 이 말은 언약을 맺는 당사자들이 언약을 맺으면서 쪼개진 고기 사이를 지나가는 절차로부터 나온 말입니다. 고기를 쪼개면 피가 나오게 되어 있는데, 베리트의 더 정확한 의미는 '피가 나올 때까지 베다'이다. 피가 충분히 나올 만큼 깊게 베야 한다. 이렇게 언약의 중심에는 피가 있다. 피의 보증은 언약의 당사자들이 합의된 내용에 발을 빼거나 배신하거나 하는 일이 절대로 있어서는 안 된다는 확실한 장치이기 때문이다. 사람이나 국가 간에 하는 언약과는 달리 하나님의 언약은 일방적이다. 하나님과의 언약 관계는 우리의 개입이 전혀 없이 하나님께서 단독으로 언약 관계를 시작하시고 규정을 세우셨다. 그리고 우리에게 그 언약 안으로 들어오라고 초정하는 것이다.

하나님이 일방적인 언약을 세운 것은 계약을 위반했을 경우 쪼개겠다는 뜻인데, 누가 언약을 어길 가능성이 있는가? 하나님은 언약을 어길 수 없는 분이시다. 문제는 인간이 계약을 지킬 수 있는 능력이 없는 존재들이다. 그런데 왜 하나님이 일방적으로 언약을 세우시고 지키라고 하셨는가? 이 말은 인간을 쪼개겠다는 뜻밖에 안된다. 여기서 우리가 잘 알아야 할 부분은 언약을 어기면 쪼개는데 우리를 쪼갰겠다는 것이 아니라 하나님이 쪼개지겠다는 것이다. 하나님이 우리와 언약을 일방적으로 세우신 이유는 언약을 반드시 하나님이 지키시겠다는 뜻이다. 하나님은 이 언약에 실패하지 않으시는 하나님, 약속을 반드시 지키시는 하나님이심을 언약을 통해 명확하게 했다. 이런 언약 가운데 하나님이 이스라엘 백성들을 제사장 나라로 세우시고 사명을 주셨다. 그리고 하나님이 이스라엘 백성들을 사랑하되 끊임없이 포기하지 않으시고 열심을 내셨던 부분이 성경의 내용이다.

 그런데도 이스라엘 백성들이 계속해서 실패하자 즉, 선지자를 보내어 하나님이 말씀하는데도, 그들을 옥에 가두고 죽이고 했다. 그래서 결국 독생자 예수 그리스도까지 이 땅에 오셔야만 했다. 하나님의 언약 성취는 이스라엘 백성들이 실패했지만, 그것이 실패로 끝난 것이 아님을 교회를 통해 새롭게 언약이 이어지고 성취되고 있다는 것을 분명히 하고 있다. 이제는 교회를 통해 하나님이 함께한다. 그러므로 교회는 거룩해야만 만인 제사장의 사명을 온전히 감당할 수 있고, 심령들이 거룩해야만 은혜가 지속됨을 알아야 한다. 이를 위해서 예수님께서 피를 흘려 우리를 의로운 자로 부르고 교회의 머리가 되셨다. 이것은 반드시 우리에게 복을 주어서 우리를 통해 하나님의 뜻을 이루겠다는 의지이며, 하나님이 우리를 얼마나 사랑하며 이제 절대 실패하지 않고 포기하지 않으시겠다는 하나님의 의지와 열심이다.

Chapter 12

한 몸으로 부르심의 목적

하나님이 이 땅에 우리를 보내신 목적과 우리를 교회로 부르신 목적은 두 가지다.

1. 교회를 통한 성장이다

우리가 이 땅에 태어난 것은 그냥 태어난 것으로 이해하는 것이 아니라 하나님이 우리를 이 땅에 보냈다는 것으로 해석해야 하고 또한 이 땅에 보낸 목적은 우리를 하나님이 어떻게 다루고, 어떻게 빚어내고, 어떻게 빛으로 세워나가느냐 하는 것을 보여주기 위해 우리를 이 땅에 보낸 것으로 받아들여야 한다. 아브라함을 부를 때도 아브라함을 통해 어떻게 이스라엘 민족의 조상이 되며 하나님의 언약이 아브라함을 통해 성취되는지를 보여주고 있다.

> **출 19:3-6** 모세가 하나님 앞에 올라가니 여호와께서 산에서 그를 불러 말씀하시되 너는 이같이 야곱의 집에 말하고 이스라엘 자손들에게 말하라 내가 애굽 사람에게 어떻게 행하였음과 내가 어떻게 독수리 날개로 너희를 업고 내게로 인도하였음을 너희가 보

았느니라 세계가 다 내게 속하였나니 너희가 내 말을 잘 듣고 내 언약을 지키면 너희는 모든 민족 중에서 내 소유가 되겠고 너희가 내게 대하여 제사장 나라가 되며 거룩한 백성이 되리라 너는 이 말을 이스라엘 자손에게 전할지니라

이스라엘 백성들을 택한 목적이 나온다. 먼저는 하나님과 친밀한 교제와 교통 가운데 거하는 것이다. 하나님과의 관계적 문제를 중요하게 생각한다는 말이다. 이스라엘 백성들을 부른 목적은 세부적으로 먼저 '하나님 자녀'로 삼기 위해서다. 하나님은 자신의 자녀가 아닌 세상에 속한 자들에 대해서는 관심이 없다. 오직 하나님 자녀에게 관심이 있다. 우리가 선교사로 갈 때나, 목회자로 세워질 때도 하나님은 일차적으로 선교지에 대한 복음 전도에 관심이 있는 것이 아니라, 선교사로 부름을 받은 그들 자신에게 집중하고 있다. 목사도 교회에 어떤 능력을 발휘해서 대형 교회로 만드는 일에 관심이 있는 것이 아니라, 목사 본인에 관심이 있다. 하나님은 사역에 관심을 일차적으로 보이시는 것이 아니라, 우리가 그리스도 안에서 얼마나 성장하며 하나님을 알며 거룩한 삶을 살아가고 있는가에 관심이 있다는 것을 알아야 한다. 성도들에게도 종교행사나 사역에 관심을 먼저 가지는 것이 아니라, 정결함으로 하나님과 교제와 교통 가운데 사귐을 우선시한다.

그런 차원에서 우리가 우리의 모습을 볼 때 그리스도인의 모습을 볼 수 있도록 성장해야 한다. 반복해서 강조하지만 성장은

하나님을 아는 것이다. 하나님을 아는 것은 믿음과 함께 동반된다. 하나님을 알기 위해 하나님을 찾아야 한다. 하나님을 찾기 위해 하나님과 교제와 교통 가운데 거해야 한다. 하나님과 교제와 교통 가운데 거하기 위해선 말씀과 기도를 빼놓을 수 없다. 그래서 매일 성경을 비추어 보고 나 자신이 성경의 길로 가고 있는가를 확인하는 일이 있어야 한다. 이것이 중요한 이유는 우리가 너무나 세속화가 되어 있는데 우리가 세속화가 되어 있다는 사실을 모르는 경우가 많을 정도로 세속이 우리의 삶에 깊숙이 파고들어 왔기 때문이다.

다시 한번 우리가 인식하지 못한 가운데 스며든 세속을 살펴보자. 그릇을 깨면 혹시 나쁜 징조가 아닌가 하는 생각을 한다든지, 밥에 숟가락을 꽂으면 조상들에게 제사를 드릴 때 밥에 숟가락을 꽂은 행위이기 때문에 사람들이 민감한 반응을 보인다든지, 수험생에게 미역국을 안 먹인다든지, 수험생에게 찰떡을 먹인다든지, 다리를 떨면 복이 나간다든지, 꿈을 요란하게 꾸면 오늘 조심해야 하겠다고 생각한다든지, 장의차를 아침에 보면 제수가 좋다든지 등 이런 삶 속에서 전통과 미신이 스며들어 우리의 마음과 생각을 붙드는 경우가 많다. 종교적으로도 마찬가지입니다. 애굽에서 430년 동안 종살이했던 이스라엘 백성들이 출애굽을 해서 가나안땅으로 가야 하는데 모세가 십계명을 받으러 시내산에 올라가서 안 내려오는 것이다. 그러니 이스라엘 백성들이 불안해서 우리를 인도해 낼 하나님을 만들자 해서 만든 것이 금송아지다. 송아지는 애굽의 신이다. 이 애굽 신을 만들어놓고 거기서 애굽의 제사를 그대로 따라 했다. 이처럼 이스라엘 백성들에게 있어서도 10가지 재앙을 내려 애굽에서 탈출하게 했고, 홍해를 건너게 했고, 쓴 물을 단물로 바꾸기도 했던 하나님을 형상화하니까 금송아지였더라는 말이다. 그만큼 애굽의 종교, 문화, 전통에 젖어 있었다는 것이다.

이스라엘 백성들이 광야에서 만나를 먹고 살았다. 만나는 '이게 이렇게 맛있어도 되나'의 의미가 있다. 그런데 이들은 애굽의 음식을 그리워했다. 물론 만나를 40년 먹는다고 생각하면 지겨울 수 있다. 만나 부침개, 만나 찌게, 만나 찜, 만나 탕, 만나 볶음밥 등 아주 다양하게 먹었다고 해도 지겨웠을 것이다. 그런데 사실 이들에겐 만나가 지겨워서가 아니라 애굽의 문화가 그리웠던 것이다. 그만큼 이들은 애굽의 세속에 물들어 있었다. 이런 세속에서 빠져나오는 것은 엄청나게 힘들다. 세상의 사고와 세상의 지식과 원리와 방법을 택하지 않는다는 것은 오직 하나님으로 만족하는 삶을 요구하는 일인데 이게 쉬운 일이겠느냐는 말이다.

그래서 우리는 끊임없이 자신을 돌아봐야 한다. 말씀 앞에 우리를 비추어 보고 나 자신이 거룩한 자인지, 신령한 자인지를 날마다 점검하고 확인해야 한다. 내가 성장하고 있는가를 날마다 점검하자는 것이다. 왜냐하면 하나님이 우리를 부르실 때 거룩한 자로, 신령한 자로 세우기를 원한 것은 하나님의 성품을 우리가 공유할 때, 그 속에서 하나님의 뜻과 의중을 알 뿐만 아니라 하나님의 백성임을 구별하여 내는 일이기 때문입니다. 교회에서 세속과 세상에 물들어 유혹에서 벗어나지 못하는 모든 것을 청산하고 십자가 앞에서 철저히 회개하며 주를 닮은 일을 연단과 훈련을 통해 감당해야 한다. 그러므로 우리를 교회로 부르시고 한 몸으로 유기체적으로 연합한 것은 먼저 우리가 장성한 분량이 충만한 데까지 이르게 하는 것이 일차적 목적이다.

2. 이스라엘을 부르신 목적은 교회를 부르신 목적이다

이스라엘 백성들이 하나님의 백성으로서 어떻게 하나님이 다루며, 어떻게 돌보며 백성들을 빚어내었는가를 세상 사람들에게 보여주는 것이 두 번째로 우리를 교회로 부르신 목적이다. 그렇게 해서 이스라엘 백성들은 하나님의 제사장 나라가 되고 세상에서 중재자 역할을 감당할 수 있게 했다. 이것은 이스라엘 백성들을 하나님이 선택해서 온 열방을 향해 하나님을 설명하고 보여주어야 할 책임이 있는데, 하나님을 어떻게 설명하고 보여주어야 하는가 하는 것을 구체적으로 표현하자면, 하나님이 이스라엘 백성들을 어떻게 다루었는가, 어떻게 돌보았는가, 어떻게 변화시켜 정의와 공의로운 백성으로 삼았는가를 보여주는 것으로 하나님을 보여주고 설명하고 있다.

시내 산에서 금송아지 사건으로 말미암아 하나님이 이스라엘 백성들을 멸절시키고 모세를 통해 새 민족을 이루겠다고 말씀했다.

출 32:10-12   그런즉 내가 하는 대로 두라 내가 그들에게 진노하여 그들을 진멸하고 너를 큰 나라가 되게 하리라 모세가 그의 하나님 여호와께 구하여 이르되 여호와여 어찌하여 그 큰 권능과 강한 손으로 애굽 땅에서 인도하여 내신 주의 백성에게 진노하시나이까 어찌하여 애굽 사람들이 이르기를 여호와가 자기의 백성을 산에서 죽이고 지면에서 진멸하려는 악한 의도로 인도해 내었다고 말하게 하시려 하나이까 주의 맹렬한 노를 그치시고 뜻을 돌이키사 주의 백성에게 이 화를 내리지 마옵소서

모세의 간청을 보면 분명히 모세는 하나님이 이스라엘 백성들을 건져낸 이유를 알고 있다고 봐야 한다. 열방들이 하나님이 자기 백성들을 애굽에서 끄집어내어 광야에서 이스라엘 백성들을 죽였다고 말하게 된다는 것이다. 하나님이 이스라엘 백성들을 애굽에서 이끌 때 온전히 하나님께만 예배드리는 삶, 그분의 나라, 신정국가를 꿈꾸며 하나님 나라를 세워 하나님과 소통과 교제 가운데 함께하며 열방을 향해 하나님의 백성들이 어떻게 하나님 나라를 세우고, 어떻게 이스라엘 백성들을 하나님의 백성으로 만들어 나가느냐를 보여주는 목적이 있었다. 그런데 하나님이 하시는 이 일에 실패했다는 소리를 열방에게 듣게 된다는 모세의 호소다.

하나님의 백성들이 지혜와 지식의 근본인 예수 그리스도를 알아 그분의 말씀에 순종하는 삶을 살아가면, 어떤 곳에서도 언약의 백성들은 감동과 가치와 생명을 풍성히 품어 내는 역할을 하게 된다. 그래서 가정에서도 하나님을 보일 수 있고, 학교, 직장, 사업 터 등 어디에서나 하나님을 보이며 그 하나님이 누구신지를 삶을 통해 드러내며 설명하는 복된 하나님의 백성임을 알아야 한다. 그러므로 하나님의 임재가 드러나며 그 임재의 삶이 무엇인지를 빛으로 발하게 된다는 것이다.

다니엘 6장을 보면, 바벨론으로 잡혀간 다니엘을 통해 다리오 왕이 어떻게 다니엘을 보았느냐 하는 부분이 나온다. 모든 나라의 총리와 고관들과 지사와 법관 관원들이 다 모여 한 법률을 세우는데 40일 동안 왕 이외에 다른 어떤 신들에게나 사람에게 무엇을 구하면 사자 굴속에 넣기로 한 것이다. 다니엘이 하루 세 번 예루살렘을 향해 기도하는 것을 알고 다니엘을 잡기 위한 계책이었다. 그래서 다니엘이 사자 굴속에 들어가게 되었지만, 하나님이 사자의 입을 봉하여 다니엘이 전혀 상함이 없었다. 왕은 본의 아니게 다니엘을 사자 굴속으로 집어넣으면서 "너희 하나님이 너를 구원하시리라" 이렇게 말한 것이다. 그리고 19-23절 "이튿날에 왕이 새벽에 일어나 급히 사자 굴로 가서 다니엘이 든 굴에 가까이 이르러서 슬피 소리 질러 다니엘에게 묻되 살아 계시는 하나님의 종 다니엘아 네가 항상 섬기는 네 하나님이 사자들에게서 능히 너를 구원하셨느냐 하니라 다니엘이 왕에게 이르되 왕이여 원하건대 왕은 만수무강 하옵소서 나의 하나님이 이미 그 천사를 보내어 사자들의 입을 봉하셨으므로 사자들이 나를 상해하지 못하였사오니 이는 나의 무죄함이 그 앞에 명백함이오며 또 왕이여 나는 왕에게도 해를 끼치지 아니하였나이다 하니라 왕이 심히 기뻐서 명하여 다니엘을 굴에서 올리라 하매 그들이 다니엘을 굴에서 올린즉 그의 몸이 조금도 상하지 아니하였으니 이는 그가 자기의 하나님을 믿음이었더라"하는 사건을 통해서 이스라엘을 부르신 목적을 볼 수 있다. 지혜와 지식의 근본을 알고 공의와 정의를 세워나간 것으로 인해 하나님이 하나님의 백성들을 어떻게 다루는지를 알아 하나님이 누구인지를 다리오 왕이 잘 알게 되었다. 이것은 하나님이 누구인지 아는 것으로 언약의 백성들이 열방에 설명되는 부분이다. 그러므로 말씀을 지키고 복음에 순종하면 하나님이 세상에 온전히 드러나게 되어있는 법이다.

마 5:14-16   너희는 세상의 빛이라 산 위에 있는 동네가 숨겨지지 못할 것이요 사람이 등불을 켜서 말 아래에 두지 아니하고 등경 위에 두나니 이러므로 집 안 모든 사람에게 비치느니라

이것이 우리를 불러낸 목적이다. 그리고 교회를 세워 지체들이 유기체적으로 연합된 목적이기도 하다. 그리고 이런 빛과 소금의 역할은 교회가 선교사적 사명자로 세상에서 삶의 핵심 된 책임이 된다. 이 빛으로 소금으로 세상에 들어가서 세상을 이겨야 하며 세상에 묶여 있는 모든 것을 풀어내고 폭파해야 한다. 교

회는 지체들이 한 몸을 이루어 하나님의 창조적 사역의 터 위에서 복음을 폭발시키는 위력을 그리스도의 능력으로 보여주어야 한다. 결론적으로 말씀하자면, 이스라엘 백성들은 전체가 부름을 받았지만, 신약에서는 교회의 한 몸으로 부름을 받았다. 예를 들어 이스라엘 백성들은 고레스시대에 해방을 받았다. 그런데 고국으로 돌아오지 않고 남아 있던 백성들이나, 흩어진 백성들은 아직도 포로라고 생각하고 있었다. 그래서 선지자들은 회복을 강조했다. 다시 예루살렘으로 모이는 회복, 이 회복이 교회로 모이는 회복이다. 이제 교회로 부름을 받아 그리스도와 한 몸의 유기체적인 연합을 통해 성장하며 장성한 분량대로 충만하며 즉, 하나님을 알아 그분과 함께하며, 그분으로 인해 무장하며 세상을 향해 선교적 사명을 감당하는 교회로 세워지는 것이다. 예수님께서는 십이 사도를 부르신 목적을 마가복음 3장 14-15절 "이에 열 둘을 세우셨으니 이는 자기와 함께 있게 하시고 또 보내사 전도도 하며 귀신을 내쫓는 권능도 가지게 하려 하심이러라"라고 설명하고 있다.

여기에 두 가지 목적이 나온다. 이 두 가지 목적이 교회가 한 몸을 이루어 감당해야 할 부분이다. 첫째는 자기와 함께 있게 하셨다. 두 번째로는 보내사 전도도 하며 귀신을 내쫓는 권능을 행하도록 한 것이다. 첫 번째는 그분의 말씀을 듣고, 그분의 방식을 알고, 그분의 삶을 보고, 그분의 성품을 닮는다는 의미이다. 장성한 분량이 충만한 데까지 이르게 하는 성장을 의미한다. 성장은 다시 강조하지만, 하나님을 아는 것이다. 하나님을 알기 위해 우리가 하나님을 구하고 찾아야 한다. 그리고 하나님을 구하고 찾기 위해 하나님과 친밀한 교제와 교통 가운데 사귐이 있어야 한다. 이 친밀한 교제와 교통은 하나님이 원하시는 첫 번째이다. 두 번째로는 예수님의 선교 사명을 따르도록 부름을 받았다. 우리는 선교사적 사명을 받은 자들이다. 아브라함의 부르심은 선교사적 부르심이다.

창 12:1-3 여호와께서 아브람에게 이르시되 너는 너의 고향과 친척과 아버지의 집을 떠나 내가 네게 보여 줄 땅으로 가라 내가 너로 큰 민족을 이루고 네게 복을 주어 네 이름을 창대하게 하리니 너는 복이 될지라 너를 축복하는 자에게는 내가 복을 내리고 너를 저주하는 자에게는 내가 저주하리니 땅의 모든 족속이 너로 말미암아 복을 얻을 것이라 하신지라

이것이 아브라함에게 주신 선교사적 사명이요, 또한 오늘날 교회에 주어진 선교사적 사명이다. 이것은 요한복음에서도 찾아볼 수 있다.

요 20:21 예수께서 또 이르시되 너희에게 평강이 있을지어다 아버지께서 나를 보내신 것같이 나도 너희를 보내노라

예수님께서 이 땅에 오셔서 복음서를 통한 가르침은 우리가

이 땅에서 삶을 살아가야 하는 해답임을 알아야 한다. 이 보내심의 사명, 하나님이 예수님을 보내어 온 백성을 살려내듯, 우리가 동일하게 이 땅에 파송되어 사명을 감당함으로 말미암아 이웃을 살리는 책임이다. 어쩌면 우리로 말미암아 이 세상의 방향성과 운명이 결정된다는 것을 알아야 한다. 그러면 이 땅에 모든 문제가 어떻게 해서 일어나는지도 알 수 있다. 결국 하나님은 우리에게만 집중하고 우리를 통해 세상을 지배하고 움직인다. 또한 세상을 바로 세우는 사명과 책임도 포함된다. 그러므로 하나님은 교회가 회복되기를 간절히 원한다.

1350년부터 페스트 즉, 흑사병이 유럽을 강타했다. 이 페스트로 말미암아 유럽 인구의 1/3이 사망했을 정도로 피해가 엄청났다. 그런데 이런 대규모 전염병으로 인해 여러 가지의 변화가 일어났다. 경제의 현대화, 기술 투자의 증가, 해외 팽창에 대한 장려 등의 변화가 생긴 것이다. 오늘날도 코로나로 인해 4차 산업혁명이나, 드론, 우주개발, 인공지능과 로봇의 발전을 앞당겨 왔던 것은 사실이다. 두 번째로 가장 잔혹했던 질병은 천연두였다. 이 외 홍역, 인플루엔자, 림프절 페스트, 말라리아, 디프테리아, 발진티푸스, 콜레라 등이 있다. 전염병 시대는 엄청나게 변화의 소용돌이에 휩싸였고 혼돈과 회복이 일어났다. 이럴 때 기독교인들은 어떻게 하였는가? 예를 들면 루터는 다른 사람을 보살펴야 하는 책임이 있는 사람들은 피신하지 말라고 했다. 섬김의 일을 맡은 사람들은 "죽음의 위협 앞에서도 자리를 지켜야 한다. 병들어 죽어가는 사람들에게는 힘과 위로가 되어 주고, 죽기 전에 성찬을 베풀어 줄 선한 목자가 필요하다."라고 했다. 기독교는 이런 상황에서 두 가지 일을 했다. 첫째, 하나님의 심판을 기억하고 회개하며 주께 돌아와 주님과 함께했다. 둘째, 죽어가는 심령들을 향해 선교적 사명을 온전히 감당한 것이다. 오늘날 코로나 이후 기독교인들이 감당해야 할 두 가지를 명심하고 이 부분이 회복되어야 한다. 하나님은 어떻게 하든 하나님의 일을 한다. 어떤 상황에서도 하나님은 우리와 함께하고 있다. 우리가 교회로 부른 목적을 성취함으로 결국 협력하여 선을 이루는 은혜가 있음을 우리는 알게 된다.

Chapter 13

교회는
한 몸의 원리로
세워져야 한다

1. 세속적인 우상을 알아야 한다

이 부분이 매우 중요하기 때문에 다시 강조하는 부분이다. 지금 세상은 급속도로 발달하고 있다. 4차 산업혁명이 바로 그것이다. 이런 4차 산업혁명 시대에 세상과 단절하라는 것이 말이 된다고 생각하는가? 여기서 세상은 하나님이 창조하신 세상을 의미하는 것이 아니다. 직장과 이웃의 공동체를 말하는 것이 아니다. 여기서 세상은 즉, 영적으로 사단이 활동하는 세상 풍속, 세속을 의미한다. 앞에서도 언급했지만, 구체적으로 다시 풀어보자면(반복되는 것에 오해가 없기를 바란다. 될 수 있으면 성경의 예를 들기 위해서 반복되고 있음과 상황이 잘 이해되기를 바라는 마음에서다), 애굽에서 이스라엘 백성들이 430년의 기나긴 기간 동안 종노릇하며 노예 생활을 했다. 그러면서 이들이 애굽의 종교, 문화, 전통, 관습에 완전히 젖어서 살게 된다. 이런 이스라엘 백성들을 광야로 하나님이 이끄셨다. 이 광야에서 애굽에서 사는 동안 젖어 있었던 종교, 문화, 전통, 관습을 다 빼내는 작업을 하나님이 하신 것이다. 이런 작업이 40년이나 걸리셨다. 그런데 이스라엘 백성들은 우상숭배를 하다가, 간음하다가, 주를 시험하다가, 하나님을 원망하다가 결국 20세 이상은 광야에서 다 죽고 만다. 그들은 결국 애굽의 우상의 종교, 문화, 전통, 관습 등에 젖어 있었던 그것에서 빠져나오지 못했기 때문이다. 온전히 하나님만 섬기는 사람으로 세워지지 못해서 애굽에서 나온 자들은 다 죽고, 애굽을 모르는 광야에서 태어난 자들을 통해 젖과 꿀이 흐르는 가나안으로 입성하게 된 것이다. 물론 그 연단과 훈련을 통과한 여호수아와 갈렙은 제외되어 이들을 통해 가나안 땅으로 들어갔지만 말이다. 이들의 광야 40년 동안 하나님이 의복이 해지지 않도록 하셨고, 발이 부르트지 않도록 이끄시고 인도하셨고, 먹이고 입히고 마시게 하셨는데 이들이 애굽의 문화와 종교와 전통에서 결국 벗어나지 못해서 광야에서 죽고 만다.

이제 광야에서 태어난 20세 이하 백성들이 여호수아와 갈렙을 통해 젖고 꿀이 흐르는 가나안 땅으로 들어가게 된다. 그런데 그곳에서는 바벨론 문화와 종교와 관습과 전통에 물들기 시작한 것이다.

    삿 2:13   곧 그들이 여호와를 버리고 바알과 아스다롯을 섬겼으므로

    삿 3:7   이스라엘 자손이 여호와의 목전에 악을 행하여 자기들의 하나님 여호와를 잊어버리고 바알들과 아세라들을 섬긴지라

삼상 12:10   백성이 여호와께 부르짖어 이르되 우리가 여호와를 버리고 바알들과 아스다롯을 섬김으로 범죄하였나이다

왕상 18:19   그런즉 사람을 보내 온 이스라엘과 이세벨의 상에서 먹는 바알의 선지자 사백오십 명과 아세라의 선지자 사백 명을 갈멜 산으로 모아 내게로 나아오게 하소서

이처럼 이스라엘 백성을 망하게 한 대표적인 우상 두 가지는 바알과 아스다롯(아세라)이다. 이러한 우상숭배 풍습은 바벨론에서부터 시작되었다. 이 우상으로 말미암아 이스라엘 백성들이 얼마나 고통의 삶을 살았는지 사사기 여러 군데에서 살펴볼 수 있지만, 사사기 2장 15절 "그들이 어디로 가든지 여호와의 손이 그들에게 재앙을 내리시니 곧 여호와께서 말씀하신 것과 같고 여호와께서 그들에게 맹세하신 것과 같아서 그들의 괴로움이 심하였더라"하는 말씀에서도 확인할 수 있다. 여호와께서 하나님을 떠나 우상을 섬기며 죄악 된 삶을 살 때 내리시는 재앙을 말씀대로 행하셨다는 뜻이다. 이스라엘 백성들은 그로 인해 괴로움이 심하였다고 고백하고 있다.

이스라엘 백성들이 가나안땅에 들어가서 사사기 시대를 맞이하게 되는데 이 사사기 시대에 젖이 흐르는 땅이요, 꿀이 흐르는 땅임에도 불구하고 이들이 젖과 꿀을 이웃 나라에 빼앗기고, 그들이 눈앞에 있는 젖과 꿀을 먹지 못한 것은 바알과 아세라신을

섬겼기 때문이다. 이들이 서서히 바알과 아세라에 물들기 시작했다. 결국 그 우상에서 벗어나지 못하고 하나님을 떠나 우상을 섬기며 죄악 된 삶으로 말미암아 이스라엘 백성들은 B.C. 722년에 앗수르에 멸망 당하고 유다는 B.C. 586년에 바벨론에 의해 결국 멸망한다. 바벨론에서 유래된 종교로 말미암아 결국 바벨론에 의해서 망하게 되고 말았다. 이들이 얼마나 우상에 젖어 있었느냐 하는 것을 열왕기하 15장 34절 "요담이 그의 아버지 웃시야의 모든 행위대로 여호와께서 보시기에 정직히 행하였으나 오직 산당을 제거하지 아니하였으므로 백성이 여전히 그 산당에서 제사를 드리며 분향하였더라" 하는 말씀을 통해서 확인해 보자. 웃시야 왕이 종교개혁을 했음에도 불구하고 산당만은 제거하지 못했다. 그만큼 우상에 물들어 있었다는 것을 보여주는 단면이기도 하다. 하나님은 젖과 꿀이 흐르는 가나안 땅에 들어가거든 반드시 이것은 제거하라고 명령하신 부분이 바로 산당이다. 그만큼 산당의 우상이 얼마나 이스라엘 백성들에게 미치는 영향이 큰지를 말해주고 있다.

민 33:50-53   여리고 맞은편 요단 강 가 모압 평지에서 여호와께서 모세에게 말씀하여 이르시되 이스라엘 자손에게 말하여 그들이게 이르라 너희가 요단 강을 건너 가나안 땅에 들어가거든 그 땅의 원주민을 너희 앞에서 다 몰아내고 그 새긴 석상과 부어 만든 우상을 다 깨뜨리며 산당을 다 헐고 그 땅을 점령하여 거기 저주하라 내가 그 땅을 너희 소유로 너희에게 주었음이라 그런데 결국 이 산당을 온전히 제거하지 못한 것이다. 이 때문에 산당을 제거하지 못한 왕들은 선지자들의 비난 대상이 되기도 했다. 물론 히스기야 왕 때는 일시적으로 산당을 제거하였지만, 히스기야의 아들 므낫세는 왕이 되자마자 바로 산당을 다시 세울 만큼 이들은 산당에 집착했음을 보여준다. 그러면 왜 산당을 제거하지 못했을까? 산당에서 제사를 드릴 때에는 문란한 성행위 즉, 쾌락이 뒤따랐기 때문이다. 이스라엘 백성들이 애굽에서는 애굽의 문화와 종교와 전통에 물들어 있었고, 가나안에 들어와서는 바벨론 문화의 영향으로 나타난 바알과 아세라에 물들어 있었다. 왜 이들은 이런 이방인의 종교와 문화와 전통에서 벗어나지 못했을까? 그것은 그만큼 세상이 무섭다는 것을 보여주는 예라고 할 수 있다. 현실이 무섭고 세상의 원리와 질서가 영적으로 악한 세력에 의해 움직인다는 것을 말해주고 있다. 하나님이 우상에서 떠나라고 말씀했고 또한 우상에서 벗어나도록 끊임없이 징계와 심판을 했다. 그런데도 이들이 왜 벗어나지 못했을까? 자기가 끊임없이 주인 됨을 놓지 않았기 때문이다. 자기중심적인 삶에서 하나님 중심적인 삶으로 바뀌지 않아서이다. 그만큼 자기가 주인 된 삶이 무섭다. 인류의 최초 인간부터 이 싸움을 했다. 선악과는 하나님이 주인 된 삶을 살아갈 것인가, 아니면 자기가 주인 된 삶을 살 것인가 하는 기준이다. 인간이 자기가 주인 된 삶을 살아가려고 선택했을 때부터 죄가 들어온 것이다.

2. 타협하는 것이 얼마나 무서운가?

바벨론의 종교 문화 전통에 물들어 있었던 이스라엘 백성들이 하나님을 알기 위해 찾고 구하는 데 엄청난 방해가 되었던 이방 종교에서 벗어나지 못했던 것은 이스라엘 백성들이 자기중심적인 삶을 살며, 자기가 주인 된 삶을 살고 있기 때문임을 분명히 하고 있다. 더불어 동일한 관점에서 지금 세상이 애굽이고 바벨론이다. 이 세상의 원리와 방법에 젖어서 세상의 질서와 세상의 풍속과 세상의 권세와 세상의 부귀와 세상의 쾌락에 젖어 있는 상태에서 온전히 빠져나오지 못하는 것은 바로 이스라엘 백성들이 애굽에서 바벨론에서 빠져나오지 못한 것과 같다. 이처럼 세상 즉, 세속은 만만한 곳이 아니다. 굉장히 무서운 곳이다.

> 갈 6:14 그러나 내게는 우리 주 예수 그리스도의 십자가 외에 결코 자랑할 것이 없으니 그리스도로 말미암아 세상이 나를 대하여 십자가에 못 박히고 내가 또한 세상을 대하여 그러하니라

세속에서 자신을 십자가에 못 박고 새로 태어나 거듭나지 않으면 안 된다는 말이다. 즉, 주님을 따르는 삶은 세상에 대하여 십자가에 못 박고 또한 세상도 우리를 향해 십자가에 못 박혔다고 선언하는 것이다. 세상과 완전한 단절을 의미한다. 이 단절은 교제, 이웃과 소통, 공동체의 단절을 의미하는 것이 아니라, 하나님이 창조하신 구속 영역의 세상이 아닌 영적으로 세상에서 사단

이 활동하는 세상 풍속 즉, 세속과의 단절을 의미한다. 그리스도인들은 이 세상에 살지만 세속에 속하지 않아야 한다. 십자가 위에서 우리는 세속과 결별하고 육체에 대해 죽었고 세상과 서로 사귐이 없다. 이렇게 단호하고 분명하게 죽음으로 결별하지 않으면 우리는 끊임없이 세상의 영향력 안에서 하나님도 섬기고 세상의 세속도 섬기는 자들이 되고 만다.

요일 2:15   이 세상이나 세상에 있는 것들을 사랑하지 말라 누구든지 세상을 사랑하면 아버지의 사랑이 그 안에 있지 아니하니

하나님을 선택할지, 아니면 세상을 선택할지 이사야에서 말씀하신 것처럼 '너희들이 죄와 사망을 택할래 아니면 생명과 복을 택할래' 이것이 성경의 말씀이다. 세상을 사랑하면 분명히 아버지의 사랑이 그 안에 없다고 말한다.

요일 2:16-17   이는 세상에 있는 모든 것이 육신의 정욕과 안목의 정욕과 이생의 자랑이니 다 아버지께로부터 온 것이 아니요 세상으로부터 온 것이라 이 세상도, 그 정욕도 지나가되 오직 하나님의 뜻을 행하는 자는 영원히 거하느니라

요한일서에는 '세상'이라는 단어가 스물세 번 나온다. 그러면 요한일서에서 말하는 '세상'이라는 단어가 가지고 있는 정확한 뜻은 무엇일까? 여기서 세상이란 하나님을 인정하지 않고, 하나

님을 무시하고, 하나님을 떠난 상태에서 자기 마음대로 사는 것을 의미한다. 하나님이 살아 계시다는 것을 전혀 생각하지 않고 자신의 본능과 욕구에 따라 세상에서 하고 싶은 것을 마음껏 하며 사는 삶이 바로 '세상'이라는 단어의 뜻이다. 이게 자기중심적인 삶을 살아가는 사람들이고, 자기중심적인 삶을 살아가는 사람들을 세상이라고 하는 것이다. 자기중심적인 삶을 살아가는 것이 얼마나 무서운가? 왜 세상에서 벗어나지 못하고 세상의 쾌락과 세상의 돈과 권력과 힘을 사랑하는가를 알아야 한다. 다시 말해서 왜 세상에서 벗어나지 못하는가를 알아야 한다는 말이다.

만약 우리가 어떤 일을 만났을 때 하나님의 뜻을 생각하지 않고 내 욕심대로 그 일을 처리한다면 우리는 세상을 사랑하는 사람들이라 할 수 있다. 만약 우리가 어떤 말을 할 때 그 말이 하나님의 뜻에 따라 하는 말이 아니라 내 기분대로 하는 말이라면 우리는 세상을 사랑하는 사람들이다. 혹시 돈이 생겼을 경우, 그 돈을 사용할 상황이 되었을 때 '과연 어떻게 돈을 사용하는 것이 하나님께서 기뻐하시는 일인가?' 이것을 생각하지 않고 내 욕심을 따라 사용한다면 우리는 아직도 세상을 사랑하고 있는 것이다. 16절은 이러한 세상의 특징이 무엇인가를 설명해 준다. "이는 세상에 있는 모든 것이 육신의 정욕과 안목의 정욕과 이생의 자랑이니 다 아버지께로 좇아 온 것이 아니요, 세상으로 좇아 온 것이라" 이렇게 기록되어 있다. 그러면 왜 우리가 세상을 사랑해서는 안 되는가? 17절에 "이 세상도, 그 정욕도 지나가되 오직 하나님의 뜻을 행하는 자는 영원히 거하느니라"하는 말씀에 나와 있다. 이것이 우리가 세상에 속한 것들을 사랑해서는 안 되는 또 하나의 이유다. 이 세상은 지나간다. 젊음도, 아름다움도, 그렇게 자랑했던 모든 것들이 다 지나간다. 그러나 성경은 우리에게 약속하고 있다. "이 세상도, 그 정욕도 지나가되 오직 하나님의 뜻을 행하는 이는 영원히 거하느니라." 이것은 금과 은과 보석으로 우리에게 남는 것이다.

> 고전 3:12-15 만일 누구든지 금이나 은이나 보석이나 나무나 풀이나 짚으로 이 터 위에 세우면 각 사람의 공적이 나타날 터인데 그 날이 공적을 밝히리니 이는 불로 나타내고 그 불이 각 사람의 공적이 어떠한 것을 시험할 것임이라 만일 누구든지 그 위에 세운 공적이 그대로 있으면 상을 받고 누구든지 그 공적이 불타면 해를 받으리니 그러나 자신은 구원을 받되 불 가운데서 받은 것 같으리라

세상은 짚과 풀과 나무에 불과해 타서 없어지지만, 하나님의 뜻대로 행한 것은 영원한 것이다. 우리는 세상과 타협하기 쉬운 환경과 조건을 가지고 있다. 그리고 우리는 죄의 성품을 가지고 있어서 더욱이 세상의 유혹에 쉽게 넘어간다. 우리는 세상을 만만히 보아서는 안 된다. 사실 이 세상을 이길만한 힘이나 능력이 우리에게는 없다. 그러면 어떻게 이 유혹에서 이길 수 있다는 말인가? 세속의 유혹에서 벗어나기 위해서는 성령의 은혜 가운데

성령이 한 몸으로 부르신 교회의 하나 됨을 지키라는 이 말씀에 순종하는 길 이외는 방법이 없다. 한 몸의 원리로 다시 돌아가 보자. 서로의 짐을 지는 것, 지체들이 나를 나로 여기지 않고 공동체가 나라는 의식을 가지고 섬기는 것, 서로의 상처를 치료하는 것의 한 몸의 원리를 기억하기를 바란다.

3. 새 언약에서 약속한 한 몸의 원리

렘 31:31 여호와의 말씀이니라 보라 날이 이르리니 내가 이스라엘 집과 유다 집에 새 언약을 맺으리라

여기서 무슨 언약을 맺었는가? 새 언약이다. 하나님이 이제는 새 언약을 맺겠다고 했다. 지금까지 말씀은 옛 언약이 있었다는 의미이다. 32절 "이 언약은 내가 그들의 조상들의 손을 잡고 애굽 땅에서 인도하여 내던 날에 맺은 것과 같이 아니할 것은 내가 그들의 남편이 되었어도 그들이 내 언약을 깨뜨렸음이라 여호와의 말씀이니라"라고 말씀하고 있다. 분명히 옛 언약인 모세와 이스라엘 백성들과 맺은 언약과는 다르다고 말씀했다. 새 언약의 특징이 바로 33절에서 나온다. "그러나 그 날 후에 내가 이스라엘 집과 맺은 언약은 이러하니 곧 내가 나의 법을 그들의 속에 두며 그들의 마음에 기록하여 나는 그들의 하나님이 되고 그들은 내 백성이 될 것이라 여호와의 말씀이니라" 새 언약은 하나님이 '마음'에 기록하셨다는 것이다. 옛 언약은 '돌판'에 기록했

다는 말씀인데, 하나님이 새겨주신 돌판이 있는 곳이 언약궤였고 옛 언약궤가 된다. 그렇다면 새 언약은 하나님의 말씀이 우리 마음에 기록될 때 즉, 돌판이 아니라 마음에 새겨진 말씀을 가지고 있을 때 새 언약궤가 된다. 하나님이 기록하신 말씀이 내 마음에 새겨질 때 내가 언약궤가 되는 것이다. 구약에서의 언약은 하나님이 직접 돌에 기록한 것임을 분명히 하고 있다. 새 언약에 대해 사도 바울은 성령이 직접 인쳤다고 표현했고, 요한복음에서는 예수 그리스도를 믿는 믿음이라고 말한다. 내 안에 하나님이 기록한 말씀이 있다면, 성령이 인쳤다면, 예수 그리스도를 향한 믿음의 고백이 있다면 내가 새 언약궤가 되는 것이다.

그렇다면 한 몸으로 부르신 교회는 언약궤가 몇 개 있는 것인가? 천명이 있으면 언약궤는 천 개가 된다. 100명이 나와도 100명이 언약궤가 될 수 있다. 무슨 뜻인지 알겠는가? 중요한 것은 이것이다. 내가 언약궤라면 내가 있는 이곳이 바로 지성소가 된다는 말이다. 잘 생각해 보라. 내가 언약궤라면 내가 가는 곳마다, 가정, 학교, 직장, 사업, 어디를 가든지 간에 내가 지성소가 된다는 말이다. 우리가 지성소라면 가정에서나, 교회에서나, 학교에서나, 직장에서나, 이웃에서나, 어디든지 지성소의 중요성은 똑같다. 그렇다면 교회의 삶이 가정에서도 똑같은 지성소의 거룩한 삶이 되어야 하고, 학교에서도 지성소의 삶이 되어야 하고, 직장에서 삶이 지성소의 거룩한 삶이 되어야 한다. 이 말이 무슨 뜻인지 알아야 한다. 우리가 언약궤며 지성소인데, 내가 간음할 수 있는가? 도둑질 할 수 있는가? 속일 수 있는가? 우상숭배 할 수 있는가? 절대 못 한다. 아니 할 수가 없다. 말투가, 행동이, 언어가, 생각이 교회에서나 가정에서나 직장에서나 학교에서 동일하게 거룩해야 한다. 틀리면 안 된다. 자녀를 훈계할 때, 지도할 때, 함께 교제할 때, 식사할 때 지성소에서 하는 것이다. 이 개념을 알아야 올바른 신앙생활을 할 수 있다.

1) 언약궤를 어떻게 이해할 것인가?

구약의 언약궤를 이해해야 신약에서 말하는 새 언약을 이해할 수 있다. 이것을 모르면 언약궤, 지성소 이런 것이 다 이론이 되고 지식이 되고 만다. 여호와는 지성소의 두 그룹 사이에 거하시는 여호와이시다. 하나님은 언약궤에 임재해 있다. 마찬가지로 지금 하나님이 새 언약에서는 내 마음에 성령을 통해서 임하고 있다. '육체'를 가진 우리와 함께 할 수 있는 방법은 성령을 통해서이다. 우리는 일평생 하나님의 임재 안에 갇혀 살게 되었다는 뜻이다. 이게 우리에게 엄청난 축복이고 한 몸으로 부르신 교회의 축복이다. 'Coram Deo', 하나님 앞에서 이 삶이 얼마나 복되고 얼마나 축복이며, 영광스러우며, 귀하고, 가치 있는 것인지 실질적으로 알아야 한다. 실제적으로 느끼고, 깨달아야 한다. 우리가 얼마나 복된 자인지 확인할 필요가 있다. 부활하신 주님이 함께 교회로 부르신 것이 얼마나 복되고 귀한 것인지 우리는 알아야 한다.

2) 지성소 삶의 자세

　부활하신 예수님을 손님으로 보기 때문에 우리는 지성소의 삶을 살지 못한다. 우리는 하나님을 주인으로 모시면 지성소의 삶이 이어진다. 우리가 부활 후의 삶이 새로운 언약 가운데 지성소의 삶을 살아가는 길이 열렸다. 이 지성소의 삶을 살아가게 하려고 예수님께서 예언했던 새로운 언약의 만찬을 통해 분명히 보여주고 있다. 마태복음 26장 27-28절에서 "너희가 다 이것을 마시라 이것은 죄 사함을 얻게 하려고 많은 사람을 위하여 흘리는 바 나의 피 곧 언약의 피니라"라고 말씀하셨다. 마태는 이 잔을 '언약의 잔'이라고 부르고 있다. 그러나 누가복음 22장 20절을 보면 이 잔은 '예수님의 피로 세우는 새 언약'이라고 소개하고 있다. 이러한 예수님의 증언을 따르면 예수님의 마지막 유월절 만찬은 바로 새로운 언약이 수립되는 언약식이었다. 이제 예수 그리스도를 믿고 새로운 언약 가운데 신부 된 삶을 살아가는 것이 다시 오실 신랑을 기다리는 자세이다. 다시 말해서 지성소의 삶을 살아가는 것이 신랑을 맞이할 신부의 자세라는 것을 열 처녀 비유에서 이야기하고 있다. 그래서 지성소의 삶은 기름 등불 든 다섯 처녀처럼 신부 된 삶을 살아가는 가장 중요한 핵심은 지성소의 삶을 살아가는 것이다. 내 안에 그리스도께서 나타나고 그리스도로 말미암아 세상을 밝히는 그런 삶이 부활 후의 삶이라는 것을 분명히 알고 승리하는 삶이 되기를 축복한다.

4. 지성소의 삶을 어떻게 유지할 수 있는가?

지성소의 삶을 유지하기 위해서 가장 중요한 일은 정결함, 거룩함이다. 지성소를 3가지로 말씀을 생각해 보자.

1) 지성소로 들어간다는 것은 그리스도의 보혈로 완벽하게 죄 사함을 받았다는 증거이다

옛 언약의 지성소는 대제사장만 1년에 한 번씩 이스라엘 백성들의 속죄 제사를 위해 들어갔다. 조금이라도 흠이 있으면 죽을 수밖에 없는 곳이 바로 지성소이다. 그런 관점에서 우리가 지성소로 들어갈 수 있다는 것은 바로 우리의 죄가 그리스도 안에서 완벽하게 사함을 받았다는 뜻이다.

2) 지성소로 들어간다는 것은 우리만이 유일하게 소유할 수 있는 곳이라는 뜻이다

우리만이 유일하게 지성소를 소유할 수 있었던 것은 우리가 그리스도와 연합된 교회이기 때문이다. 예수님께서 머리 되시고 우리는 각 지체로 유기체적으로 연합되어 있어서 그리스도와 떨어질 수 없는 교회로 연합되었기 때문에 우리만이 그리스도 안에서 새로운 삶을 살 수 있고, 더불어 지성소의 삶을 유일하게 살아갈 수 있는 존재들이다.

3) 지성소는 하나님의 임재로 둘러싸인 곳이다

우리가 지성소로 들어가면, 세상과 단절되고 하나님의 임재 안에 둘러싸여 그분의 강력한 임재 가운데 거하는 것이다. 임재 가운데 둘러싸여 있다는 증거로 회복과 치유와 기적과 감동이 우리의 삶 속에서 나타나는 것으로 알 수 있다. 존 파이퍼는 우리가 왜 죄를 짓는가에 대해서 "죄는 우리 마음이 하나님으로 만족하지 못할 때 나오는 행동이다."라고 말했다. 그러니까 우리가 죄가 없다는 증거, 의의 옷을 입고 지성소에 들어가는 삶을 사는 증거가 바로 하나님으로 만족하는 삶이다.

'임재'manifest presence란 말은 헬라어로 '파네로오'φανερόω를 쓰고 있는데 숨겨졌거나 보이지 않던 신령한 것이 외적으로 감지할 수 있도록 나타나는 것을 의미한다. 우리가 지성소에 들어가면 이처럼 우리에게 감지될 수 있도록 임재한다는 말이다. 어떻게 보면 개인적인 체험으로 해석될 수 있는 부분이기도 하지만 적어도 임재의 삶으로 우리를 이끌고 계신다는 것을 그리스도인들이 분명히 체험하며 살아갈 수 있도록 하나님이 역사한다.

5. 지성소에 임재는 사귐의 결과이다

1) 지성소는 천국과 연결되어 있다

하나님 나라의 통치자는 주님이다. 하나님 나라 자체가 하나님과 사귐의 연속이라고 해도 과언이 아니다. 그러므로 지성소에서 하나님의 임재의 순간은 천국의 영역에서의 천국을 맛보는 순간이라고 할 수 있다. 천국이 이 땅에 나약하게 임해 있는데 그 나약하게 임해 있는 천국을 명확하게 확인할 수 있는 길이 바로 지성소에서 하나님의 임재 가운데 사귐에 의해서라는 것을 알아야 한다.

2) 지성소의 삶을 살아갈 수밖에 없다

우리는 예수 그리스도의 보혈을 의지하며 나가는 한 지성소의 삶을 살아갈 수 있게 되어 있는 존재다. 예레미야 31장 31절 말씀을 근거로 말한 내용이라 상세하게 말을 하지 않아도 잘 알 것이다. 우리가 말씀을 마음 판에 새긴 새 언약의 약속을 받은 자들이고, 이 언약궤에 들어 있는 옛 언약의 돌판 대신 우리의 마음 판에 그리스도의 철필로 새겨진 말씀이 있으므로 우리가 언약궤의 역할을 감당하도록 되어 있다. 그래서 우리가 가는 곳마다 우리는 언약궤이므로 지성소를 이룰 수밖에 없는 존재라는 말이다. 이 지성소의 삶을 살아가는 길은 하나님과 사귐에 있고 회개의 통로를 통해서 사귐의 삶을 살 수 있다는데 이런 임재로 인해 지성소의 삶을 이어가는 것이다. 우리는 지성소로 들어갈 수밖에 없는 존재라는 사실을 알고 지성소로 들어가는 문을 통해 한 몸으로 부르신 교회를 세웠고 교회로 말미암아 지성소의 삶을 살아가는 복된 존재가 되어야 한다.

6. 지성소의 역할

지성소로 들어가는 문은 이중문으로 되어 있다. 첫째 문은 예수님의 죽음이라는 문이다. 둘째 문은 예수님의 생명이라는 문이다. 우리가 분명히 알아야 할 것은 우리가 지성소에 들어갈 수 있는 것은 예수 그리스도께서 우리의 죄를 위해 돌아가셨기 때문이며, 또한 예수님이 부활하셨기에 지성소에서 하나님과 생명의 사귐을 나눌 수 있는 것이다.

히 10:20 그 길은 우리를 위하여 휘장 가운데로 열어 놓으신 새로운 살 길이요 휘장은 곧 그의 육체이니라

"그 길은 우리를 위하여 휘장 가운데로 열어 놓으신 새로운 살 길이요"하는 말씀이 지성소의 원리라는 것을 알아야 한다. 그것은 그리스도께서 자기 몸을 희생시켜 이룬 구속 사역을 통해 하나님 앞에 나아갈 수 있도록 하신 길이다. 이 길은 두 가지 특성을 보인다. 그것이 바로 새로운 길이다. 이 '새로운 길'은 두 가지 차원 즉, 시간상으로 전에 존재하지 않았던 길이 그리스도의 희생 결과로 그리스도인 공동체에 주어진 새 길임을 나타내고 있다. 이것은 질적으로 옛 언약에서 이루어질 수 없고, 새 언약에서는 변할 수 없는 영원한 것임을 이야기하고 있다. 두 번째로는 '산길'이다. 이것은 그리스도께서 이룬 길이 하나님 앞에 자유롭게 나아갈 수 있도록 하여 생명으로 인도하는 길임을 말하고 있

다. 또한 크게 두 번째로 이 길은 '휘장' 가운데 열어 놓은 길이다. '휘장'은 성소와 지성소를 분리하는 것으로서 유대인들에게는 하나님께 자유롭게 나아갈 수 없게 하는 장애물이었다. 이렇게 장애물이었던 휘장은 그리스도께서 십자가상에서 돌아가실 때 찢어졌으므로 드디어 그리스도인들이 예수 그리스도 보혈의 은혜를 입어 자유롭게 지성소에 들어갈 수 있게 되었다는 말이다. 결과로 그리스도인들은 그리스도의 십자가 죽음으로 인해 열려진 길을 통하여 하나님 앞에 담대하게 나아갈 수 있게 되었다. 예수 그리스도의 십자가 죽음이 없었으면 지성소로 들어갈 수 없다는 말이다. '예수의 피를 힘 입어' 성소에 들어갈 담력을 얻었다. 이 피는 신성한 피, 생명의 피, 거룩한 피인데 이 피를 십자가에서 흘리신 것이다. 이 피로 지성소로 들어간다는 것은 어떤 의미가 인가? 예수님이 십자가에서 흘린 피는 구체적으로 무엇을 의미하는가?

1) 예수님의 피는 우리의 모든 죄를 완벽하게 씻어주셨다

우리가 지성소에 들어가 있다는 것은 우리의 죄가 완벽하게 해결되었다는 뜻이라고 했다. 죄가 영적인 부분에서 하나님과 우리 사이를 가로막고 있는지를 알면 죄의 심각성을 우리는 알 수밖에 없다. 성경의 모든 문제는 죄의 문제에 있다. 죄 때문에 심판을 받고, 죄 때문에 하나님과 단절되었지만 결국 죄 때문에 주님께서 이 땅에 오셨기에, 우리가 하나님 나라를 소유할 수 있는 죄 문제가 해결된 것이다. 모든 것이 죄와 연관되어 있다. 그래서 모든 것을 어떤 기준에서, 어떻게 평가하고, 어떤 것으로 결과가 나오고, 또한 어떤 것으로 심판이나 영광을 받느냐 하는 것은 결국 '죄' 문제이다. 죄 문제가 영적인 부분을 결정짓게 된다. 죄 문제가 삶과 죽음을 결정짓는다. 그러므로 죄 문제가 얼마나 심각한지를 알아야 한다.

죄를 어느 정도로 하나님이 인식하고 있느냐는 지성소를 통해서도 설명되고 있다. 그것은 바로 죄를 안고 지성소로 들어가면 죽는다는 것이다. 이것은 결국 우리가 죄로 말미암아 심판을 받는다는 뜻이기도 하다. 죄를 우리가 어떻게 직시해야 하느냐 하는 긴장감과 두려움을 가져야 한다는 뜻이다. 우리가 죄의 정도를 알면, 죄의 속성, 죄의 결과를 알면, 그리스도 보혈의 은혜가 얼마나 큰지도 알 수 있을 뿐만 아니라 우리가 한 몸으로 부름을 받아 지성소의 삶을 산다는 것이 얼마나 큰 은혜인지 알 수 있다. 우리가 철저하게 그리스도를 의지하며 그 분의 보혈의 은혜 가운데 잠긴다는 것이 얼마나 큰 축복인지를 알아야 한다. 그러므로 우리가 그리스도로 인하여 우리가 다시 살았고 그리스도로 인하여 교회의 몸으로 부름을 받아 하나님 나라를 소유한 백성이 되었다는 것은 설명이 불가한 귀한 내용들이다. 우리는 그리스도의 보혈에 뿌리를 두고 그리스도 터 위에 세워진 교회라는 것이 얼마나 큰 영광이며 복인지를 알고 삶 속에서 지체들이 지성소라는 것을 확인하며 성화의 삶을 유지하는 한 몸의 교회가 되어야 한다.

2) 지성소에 있다는 것은 무엇을 의미하는가?

우리가 지성소에 들어왔다는 것은 이제 죄로 말미암아 걸릴 것이 없다는 뜻이다. 용서받은 죄인으로서 이제 하나님 앞에 나아가는 길에 가로막아 설 것이 아무것도 없다. 우리가 하나님과 사귐이 있는 삶을 위해 연합된 교회로 세워져 있기에 누구도 방해하지 못한다. 그러므로 우리에게 가로막혀 있는 담, 죄책, 정죄감 등이 완전히 제거되었다는 뜻이다. 우리가 흔히 하나님과 소통하지 못하는 것은 죄의 찌꺼기가 남아 있어서다. 죄의 찌꺼기로 표현했지만, 죄책감이나, 양심에 거리낌이 있거나, 미움이 우리 마음에 도사리고 있거나, 생각으로 음욕을 품었거나, 분노가 남아 있는 이런 부분을 통칭 죄의 찌꺼기라고 이야기한다. 이것은 사탄이 우리를 지성소에 들어가지 못하도록 마음과 생각에 끊임없이 악한 것들을 집어넣는 하나의 방법이다. 그러나 분명한 것은 그리스도의 십자가 보혈로 씻기지 않은 죄가 없다는 사실이다. 예를 들어 우리가 회개했다. 그런데 이 내용이 양심에 남아 있는 것이다. 그리고 내 생각이 이 사건을 붙들고 있다. 그래서 계속해서 회개하는 경우를 자주 보게 된다. 그래서 회개 할 때 믿음이 동원되어야 한다. 십자가 보혈에 믿음의 뿌리를 두어야 할 부분이다. 우리가 회개하면 하나님도 기억하지 못하는 것을 우리가 늘 기억하고 양심의 가책을 느끼며 고통의 삶을 살아가고 있다. 이 틈을 타서 사탄이 계속 우리의 생각을 주도하려고 하는 것이다. 그러나 분명한 것은 절대 그리스도 보혈로 씻어내지 못할 죄가 없고 죄가 씻기면 하나님도 기억하지 않는 완전한 죄 사함이라는 사실이다.

3) 예수 그리스도의 보혈은 우리를 지성소로 들어갈 수 있도록 하는 하나의 증표다

우리는 하나님 앞에 내세울 공로는 전혀 없다. 오직 그리스도의 공로로만 가능하다. 우리는 어떤 것으로도 하나님 앞에 나갈 수 없다. 예수 그리스도의 피로만 나갈 수 있다. 기도로 말미암아 하나님을 구하고, 찾는다. 하나님과 사귐의 삶을 살 수 있는 근거는 우리의 공로가 아니다. 우리의 정성이 아니다. 예수 그리스도의 보혈만이 진정한 공로요 표이다. 우리가 받을 것은 진노밖에 없다. 공로의 표를 우리가 내세울 것은 전혀 없다. 그러므로 전적으로 예수 그리스도의 보혈을 의지한다.

4) 그리스도의 보혈은 우리가 하나님 앞에 기도할 때 탄원을 할 수 있도록 해주신다

사실 우리가 기도할 때 집중해서 기도할 수 없을 때가 많다. 오만 생각이 다 들고, 정신을 혼미케 하여 기도를 방해하는 경우가 많다. 헤아릴 수 없는 우리의 단점들과 잘못들, 결점과 부족함이 우리의 마음과 생각을 지배한다. 그래서 하나님과 깊이 있는 사귐의 기도를 못 하도록 방해하는 경우가 자주 있다. 사실 이런 부분은 기도의 연단과 훈련의 차원에서도 다루어져야 할 부분이지만 집중해서 예수 그리스도를 붙들 수 있도록 성령을 통해 깨닫는 것도 중요하다. 여러 가지 생각을 주입해 방해하는 예도 많다. 그래서 우리가 기도할 때 지성소의 기도는 하나님의 영광이 에워싸고 있는 상황을 설명하는 이유가 이런 여러 가지 유혹을 차단하고 오직 하나님께 집중하는 기도의 삶을 살아갈 수 있기 때문이다.

우리가 하나님 앞에 기도할 때 이런 자세가 중요하지 않을까? 마가복음 5장 21절부터 보면 죽음을 앞둔 야이로의 딸을 위해 아버지가 예수님께 간청하는 장면이 나온다. 그리고 이어서 혈루증 여인의 이야기가 나오는데, 이 두 사건은 다 주님께 집중할 수밖에 없는 상황이다. 딸의 죽음을 눈으로 볼 수밖에 없는 아버지의 절박함이 잘 나타나 있다. 그리고 열두 해를 혈루증으로 고생하는 여인이 나오는데 이 여인은 아마도 자궁에 혹이 생겨 출혈이 멈추지 않은 것이 아닌가 싶다. 한마디로 그 당시에는 불치병이다. 그래서 유명한 의사는 다 찾아다녔을 것이다. 돈도 다 허비해 버렸을 것은 너무나 자명하다. 모든 여건과 환경이 절박한 상황이었다.

야이로는 "예수를 보고 발아래 엎드리어 간곡히 구하여" 이렇게 기록되어 있다. 발아래 엎드렸다는 것은 최대의 존경을 표현하는 것이다. '집회의 우두머리'로 일컬어지는 회당장은 건물을 관리하며, 예배 순서의 작성 및 질서 유지, 심지어 재판과 같은 사무 일을 관할하던 장로 출신의 지도자들이다. 이들은 백성들에게 존경받는 무리다. 이런 위치에 있는 자가 발아래 무릎을 꿇었다는 뜻은 첫째, 예수를 최고의 지위로 높이는 절대 겸손의 모습이다. 사실 그 당시 예수는 일반적으로 새로운 랍비 정도에 불과한 사람으로 평가받고 있던 터였기 때문에 유대의 종교를 대표할 만한 종교 지도층 인사가 그 앞에 무릎 꿇는 것은 상상도 할 수 없었던 일이었다. 둘째, 예수의 치료 이적이 그 지방에 아주 사실적으로 받아들여졌다는 증거이다. 즉, 그 지방의 존경받는 회당장이 기적을 요청한 사실은 예수의 이적 행위에 대한 공적인 신뢰감을 증명하는 것이다. 셋째, 우발적 사건이 아니라 철저한 믿음과 확실한 소망을 가지고 취한 회당장의 신앙적 행동을 보여 준다. 회당장이 직접 바닷가에 많은 무리가 모인 곳에 예수를 찾아왔고, 그러한 행동에 옮기기까지는 예수에 대한 믿음이 뒷받침되지 않고는 불가능했을 것이다. 이 세 가지 사실 앞에 야이로가 보인 행동 즉, 많이 간구하고, 예수님이 손을 얹으면 낫는다는 믿음을 보인 것이다.

그리고 열두 해를 혈루증으로 앓는 여자는 부정한 여인으로 치부되었다. 그래서 종교적으로, 사회적으로, 가정적으로도 완전히 거절된 사람이다. 이 여인이 병으로 받는 육체적 고통이나 정신적 고통이 헤아릴 수 없을 만큼 처참하다는 것을 알 수 있다. 이 여인은 주님의 옷자락이 아니면 살아날 방법이 없었다. 이 여인의 행동은 생사를 건 행동이었다는 것이다. 사실 그녀의 이 같은 심정에는 미신적 요소가 전혀 없었다고 생각할 수는 없다. 그러나 그녀는 오직 예수만이 자신의 문제를 해결해 주실 수 있는 구원자이심을 믿고 있었다. 이 두 사건은 중심이 야이로의 믿음, 혈루증의 여인의 믿음에 초점이 가 있으면 안 된다. 중요한 것은 이런 사람들을 찾아오신 주님께 집중해야 한다. 고통 가운데 신음하는 여인을 천천히 걸어가시며 당신을 찾아오도록, 아니 찾고 계신 주님을 상상해보라. 우리가 이 사건을 통해 먼저 이해해야 할 부분은 우리가 부모의 아픔, 또는 나의 아픔들이 파도처럼 밀려 올 때가 있다. 그런데 중요한 것은 우리를 지성소라 하셨다. 고린도전서 3장 16절 말씀인 "너희가 하나님의 성전인 것과 하나님의 성령이 너희 안에 계시는 것을 알지 못하느뇨" 여기에 답이 있다. 우리가 지성소의 성전이다. 교회는 지성소의 연합이다. 한 지체는 지성소이다. 지성소는 하나님의 임재가 머무는 곳이다. 그러므로 우리는 하나님의 임재가 머무는 삶을 살아간다. 하나님의 임재가 머무는 지성소가 기도하면 응답받을 수밖에 없다.

마 7:7-8 구하라 그리하면 너희에게 주실 것이요 찾으라 그리하면 찾아낼 것이요 문을 두드리라 그리하면 너희에게 열릴 것이니 구하는 이마다 받을 것이요 찾는 이는 찾아낼 것이요 두드리는 이에게는 열릴 것이니라

요 14:13-14 너희가 내 이름으로 무엇을 구하든지 내가 행하리니 이는 아버지로 하여금 아들로 말미암아 영광을 받으시게 하려 함이라 내 이름으로 무엇이든지 내게 구하면 내가 행하리라

정결함과 거룩을 유지하며 지성소의 임재 가운데 거하면, 하나님이 우리 편이 되시며, 우리를 포기하지 아니하며, 하나님의 계획은 온전히 실현하는 하나님의 일하심을 볼 것이다. 이 모든 계획은 한 몸으로 부르신 교회 머리 되시는 주님을 통해 신비함과 거대함을 볼 것이다.

맺는 글

우리가 한 몸으로 부름을 받아 지체로서 연합된 삶은 쉬운 일이 아니다. 어쩌면 이 책 내용이 극히 이론적이라고 생각할 수 있다. 서로 한 몸이 되어 '네'가 '내'가 되고 '내'가 '네'가 되는 한 몸으로 생각하고 행동한다는 것은 거의 불가능할 수 있다. 그런데 성경에서 한 몸을 요구하고 있고, 이런 한 몸의 부르심을 알고 유기체적으로 연합될 때 교회가 되기 때문에 한 몸으로 부름은 당연하다.

그런데 이 지구상에서 한 몸으로 지체들이 연합되어 온전한 교회로 세워진 곳이 있을까? 스펄전 목사의 이야기다. 어느 청년이 목사께 찾아와서 교회를 두루 다니면서 완벽한 교회를 찾아 등록해서 신앙생활을 하겠다는 것이다. 이때 스펄전 목사가 이렇게 이야기했다고 한다.

"전 세계적으로 돌아다녀도 완벽한 교회는 없다. 그런데 혹시 완벽한 교회가 있거든 내게 알려다오. 나도 가서 등록하겠다. 그리고 너는 절대 등록하지 마라. 왜냐하면 네가 등록하는 순간 완벽한 교회는 깨어지기 때문이다."

그렇다. 완벽한 교회는 지구상에 없다. 교회를 병원이라고 말을 한다. 그만큼 문제 있는 사람들이 모인 곳이 교회다. 이론적으로는 한 몸의 원리가 가능하고 이런 교회를 꿈꿀만한 매력이 있다. 그래서 서로 노력하면 되지 않을까 생각할 수도 있다. 그런데 사람들은 잘 안 바뀐다. 얼마나 바뀌지 않는지를 나의 체험으로 설명하는 것이 좋을 듯싶다. 출생 시기부터 노년기까지 간단하게 내 삶을 소개할까 한다.

출생 시기에 어머니가 나를 임신하고 하혈을 너무 심하게 하는 것이다. 외삼촌이 이를 보고 병원으로 입원시켰다고 한다. 당시는 산부인과가 없어서 일반병원인 것으로 알고 있다. 의사가 하는 말이 배 속에 있는 아이가 너무 커서 위험하니까 산모가 살기 위해서는 아이를 포기해야 한다고 했다. 그래야 산모라도 살 수 있다는 말을 어머니가 듣고 '내가 죽어도 아이는 포기할 수 없다'하는 어머니의 목숨을 담보로 해서 내가 태어났다. 의사와 관계없이 어머니의 사랑으로 태어났다. 그래서 죽을 고비를 한 번 넘겼다고 봐야 한다.

소년기 시기에는 이런 일이 있었다. 옥상에서 사촌 형과 나무 막대기로 칼싸움 놀이를 하다가 옥상에서 떨어졌는데 빨랫줄에 걸리면서 머리부터 떨어졌다. 곧바로 당시 부산의 봉생신경외과로 급히 옮겼는데, 의사가 하는 말이 "이미 죽은 목숨이라서 병원에서는 해줄 것이 없으니, 집에 가서 임종을 기다려라."라고 했다. 부모님의 설득과 사정으로 겨우 입원은 했지만, 일주일 동안 깨어나지 않았다. 어머니는 애가 굶어 죽을지도 모르니 포도당을 좀 맞게 해 달라고 의사에게 부탁하게 된다. 이왕 살길이 없으니, 주사라도 맞게 해 보내는 것이 부모의 도리가 아니냐고 의사를 설득하게 되고, 처음에 거절하던 의사도 어차피 죽을 건데 부모 뜻대로 해주자고 생각해서 포도당 주사를 맞게 해주었다. 그런데 포도당을 맞은 후 내가 한쪽 다리를 끌어당겼다고 한다. 그때부터 포도당을 계속 맞았고 결국 의식이 돌아왔다고 한다.

청년 시기에는 입대한 후 군복무를 마치고 제대하는 날 뇌막염이 걸려 엄청난 고통 속에 광주 국군통합병원에 2주간 입원했다가 재 특명을 받아 제대했다. 제대 날을 하루 앞두고 점호 전에 두통의 고통에서 눈 뒤쪽을 바늘로 찌르는 고통이 찾아오는 것이다. 정말 참을 수 없는 고통이었다. 변명을 빨리 찾지 못해서 이틀을 고생했는데 너무 큰 아픔이어서 실신까지 할 정도였다. 척추 검사 후 뇌막염이라는 진단을 받고 바로 중환자실로 옮겨졌고 이틀 후에 일반병실로 옮겼다. 일반병실에 오니까 육군 대위가 구토를 하며 입원했다가 장교라 그런지 수도통합병원으로 헬기를 타고 옮겨갔다는 소리를 의무병에게 들었다. 그다음 날 간호장교가 와서 하는 말이 나와 똑같은 병명인데 그분은 죽었다는 소식을 전하는 것이다. 병이 빠른 속도로 호전되어 2주 만에 퇴원하게 되는데 의사가 "뇌수막염에 걸렸는데 2주 만에 병원에서 걸어 나간 사람은 당신이 처음이다. 그러나 재발하면 죽는다."라는 이야기를 하는 것이다. 물론 제대하고 1년 동안 약은 먹었다. 그리고 이 병에 걸리면 죽거나 식물인간이 되는 경우가 많다는 소리를 뒤늦게 들었다. 그리고 훗날 뇌막염이 재발하면 죽는다는 말은 근거 없는 말이라는 소리를 다른 의사를 통해 듣게 되었는데, 재발되면 죽는다는 이 경고성 때문에 신학대학에 들어가는 계기가 되었다.

장년기에 들어서는 간경화 진단을 받았다. 지금도 6개월마다 한 번씩 병원에 가서 간 초음파 및 피 검사를 하고 있는데 20년 동안 약을 먹지 않고도 간이 그대로 유지되고 있다. 왜냐하면 간염 수치가 낮고 비활동성으로 지내고 있기 때문이다. 처음에 대전에서 초음파를 하고 C.T도 찍었는데 간경화 중기라는 진단 결과가 나왔다. 서울로 가서 다시 검사를 하게 되었는데 그곳에서는 간경화 초기 진단이 나오게 되어 지금까지 검사는 꾸준히 받고 있다.

노년기에 접어들었다. 호적상 한해 늦게 되어있어서 그렇지 본 나이는 만 65세니까 노년 시기라 할 수 있다. 처음에는 목 부위에 멍울이 생긴 것을 발견하게 되어 개인 이비인후과에 가서 C.T도 찍고 확인한 결과 별 이상이 없다는 진단이었다. 물론 혹이 커서 행여나 암일 수 있으니 큰 병원으로 가서 정밀검사를 해보라는 권위를 받고 대전에 있는 큰 종합병원으로 가서 조직검사, MRI, 피검사 등을 받았는데 암이 아니라는 진단이 나왔다. 의사는 수술해야 한다고 조언했고 수술 이외는 방법이 없는데 간단한 수술이라고 하면서 수술 날짜를 잡아야 한다고 했다. 2024년은 잘 아시다시피 의료대란이 있었던 해다. 그래서 의사가 서둘러서 수술하자는 것이었다. 목 부위기도 하고 다시 진료 받을 필요가 있다고 생각해서 서울로 옮겨 다시 진료받았다. 중간에 있었던 일은 생략하고 다시 조직검사를 한 결과 '임파선 암' 일종의 혈액암에 속하는데, 더 조직적으로 분석한 결과 '미만성 거대 B세포 림프종'이라는 진단을 받았다. 다행히 1기였고 진단 후 3개월 동안 항암치료 받고 지금은 필리핀 클락에서 요양하면서 이 책을 쓰고 있다.

어떻게 보면 기구한 인생이다. 설교할 때 하나님이 다시 태어나 똑같은 인생을 살라고 하면 절대로 살지 않을 것이라 말한 적이 있다. 그만큼 고통의 세월이었다. 2020년으로 기억하는데 필리핀에서 의료선교를 하고 비행기를 탔는데 담석으로 비행기 안에서 얼마나 고통을 당했는지 모른다. 인생에 있어서 가장 큰 고통을 겪은 기분이다. 그러니 다시 살고 싶겠는가? 오래 산 인생은 아니지만 자신을 뒤돌아볼 때 나의 인생사를 통해 몇 가지 깨달은 것이 있어서 간단히 나의 삶을 조명해 봤다.

첫째, 하나님 나라를 소망하게 되었다. 내가 죽으면 하나님 나라에 갈 수 있을까? 하는 기본적인 신앙을 점검하고 하나님 나라에 내 인생을 바칠 수밖에 없었다는 결론이다. 당연한 결론이지만 느낌이나 차원이 다르다. 그리고 이쯤 되면 죽음도 두렵지 않다. 많이 먹지 않은 나이인데도 살 만큼 살았다는 느낌이 계속 든다.

둘째, 하루, 하루가 감사할 수밖에 없다. 아침에 눈을 뜨면 찬송가를 틀어놓고 기도부터 한다. 그 기도는 물론 감사기도다. 그러니 하루가 얼마나 소중한가? 죽음이 두려워서가 아니다. 하나님이 살려 두신 하루를 보내고 있는지가 두렵다. 그리고 하나님 나라를 준비하며 그 상급을 허락하신 하루이기 때문에 감사할 수밖에 없다.

셋째, 죄 앞에 더 큰 두려움이 있다. 분노와 순간적으로 찾아오는 상황에 대한 대처가 그리스도인 답지 않을 때가 있다. 이런 것이 굉장히 두렵다. 왜냐하면 하나님이 "네게 이렇게 살라고 지금 내가 살려 둔 줄 아느냐?" 이 음성이 귓가에 맴돌기 때문에 죄가 실감 나도록 두렵다.

넷째, 시간이 지나면 지날수록 건강이 회복되면 될수록 마음이 느슨해지고 긴장이 풀린다는 것이다. 사람이 얼마나 나약한 존재인가를 날마다 깨닫게 된다. 그래서 한 몸의 원리를 쓰고 있지만 이 원리를 지키기가 얼마나 어려운지를 실감한다. 하나님이 고난을 허락하셨고 이 고난이 얼마나 영적으로 큰 복인지를 깨닫는다. 이론과 실제의 차이가 여기서 나타나고 있음을 매일 느낀

다. 나를 보면 교회가 한 몸의 원리를 지킨다는 것이 얼마나 어려운지 안다. 정말 거룩함을 지키고 정결함을 유지하는 것은 힘들다. 이런 부분을 너무 잘 알고 이 책을 써 내려가고 있다.

다섯째, 그나마 신앙을 유지할 수 있었던 것은 고난과 아픔 때문이었다. 내가 나 된 것은 고난이 아니었으면 지금의 모습을 찾을 수 없었을 것이다. 개척해서 35년의 목회도 불가능했을 것이고, 돈이나 명예, 여자 문제를 이길 수 없을 것이고, 분노 조절도 불가능했다. 나는 경건한 사람이 못되고, 인격적인 사람이 못된다. 그럼에도 불구하고 가정에서 아이들에게 인정을 받고, 가정이 화목하고, 이 모든 것이 하나님 은혜였음을 고백할 수 있었던 것은 고난 때문이다. 그래서 고난이 선물이라는 것을 실감한다. 이것이 복이 아닌가? 그런 점에서 하나님의 복을 많이 받았다.

끝으로 교회가 한 몸의 원리를 어떻게 지켜내야 하는가를 나누고자 한다.

첫째, 교회에서 한 몸의 원리를 지키기 위해서는 에베소서 4장 1-4절 말씀을 반드시 기억해야 한다. "그러므로 주 안에서 갇힌 내가 너희를 권하노니 너희가 부르심을 받은 일에 합당하게 행하여 모든 겸손과 온유로 하고 오래 참음으로 사랑 가운데서 서로 용납하고 평안의 매는 줄로 성령이 하나 되게 하신 것을 힘써 지키라 몸이 하나요 성령도 한 분이시니 이와 같이 너희가 부르심의 한 소망 안에서 부르심을 받았느니라" 앞에서 구체적으로 강조했지만, 이 구절이 주제 구절이다. 그렇게 오래 살지 않는 인생이라고 이야기했지만, '성령이 하나 됨'을 힘써 지키지 않으면 절대로 하나 됨을 이룰 수 없다.

둘째, 교회가 할 일은 성령으로 하나 되어 자신을 죽이는 일을 훈련해야 한다. 교회가 성령으로 충만한 신앙생활을 할 수 있도록 역량을 발휘해야 한다. 그러기 위해서 십자가 밑으로 나와 자신을 그리스도 십자가에 비춰서 회개의 삶을 살아야 한다. 그리스도인들의 삶은 거룩해야 하고 정결해야 한다. 그래야 지성소의 삶, 임재의 삶을 살 수 있기 때문이다. 우리는 좋은 환경과 여건 속에서 거룩함을 유지하기가 매우 힘들다. 그래서 하나님이 고난을 선물로 주셨다고 했다. 우리가 자신을 죽이는 일이 얼마나 어려운가를 잘 알 것이다. 특히 편안하거나 별문제가 없을 때는 더욱이 자신을 죽여 그리스도를 드러내는 일은 매우 힘들다. 자신의 자아를 죽이기 위해 교회에서 밤을 새워 기도하고 성령의 도움으로 자신이 죽었다고 확신하며 일상으로 돌아왔는데 어느새 자신도 모르게 자아가 살아 있다는 것을 발견한다. 그러므로 우리는 철저히 자신을 십자가 밑에 내려놓고 교회가 하나 되기 위해 성령을 사모하며 하나님 나라를 바라보아야 한다.

성령을 의지하고 한 몸으로 부음을 받은 교회는 각 지체가 '나'라는 개념을 뛰어넘어 '내'가 '네'가 되고, '네'가 '내'가 되는 이 원리를 지킬 수 있는 연합은 성령으로가 아니면 불가능해 교회는 성령의 임재를 사모해야 한다. 우리가 나약하여 성령으로 하나 되는 훈련을 게을리할 때마다 고난을 통해 훈련한다. 그리고 이 고난을 이기는 방법이 바로 교회 지체들의 섬김에 있다. 왜 우리가 고난을 이길 수 있는가? 교회가 있기 때문이다. 그래서 교회가 성장할 수밖에 없는 구조가 한 몸의 원리이다. 그러므로 성령으로 하나 되는 교회를 위해 나를 주관하지 않는 내 삶을 주께 드리며 자신을 죽이는 훈련을 끊임없이 하므로 인해 하나 됨을 지켜야 한다.

그러므로 성령으로 하나 되는 교회를 위해 나를 주관하지 않는 내 삶을 주께 드리며 자신을 죽이는 훈련을 끊임없이 하므로 인해 하나 됨을 지켜야 한다. 왜 이렇게 성령을 의지하지 않으면 한 몸의 원리를 지킬 수 없는지에 대해 예를 하나 들어보겠다. 우리 교회는 성도들이 충분히 주차할 공간이 많지 않은 편이다. 그리고 평일에는 주변 분들을 위해 주차공간을 내어 주는데 전용 주차장은 교회 차나 직원 또는 새벽기도출석 하는 사람들이 주차하게 되어 있다. 그런데 전용 주차장에 차를 주차하는 사람들이 가끔 있는데 그러면 교회 차나 새벽기도 때 오는 성도들이 주차하지 못해 난감한 상황이 발생하게 된다. 이때마다 화가 좀 나서 부교역자들에게 여기에 주차를 하지 말라는 경고문을 붙이라고 이야기하곤 했다. 그런데 어느 날 어떤 사람이 주차를 했는데 다른 차가 뒤로 들어오지 못하도록 한복판에 주차를 한 것이다.

그런데 화가 나지 않았다. 그리고 그 날 교회 정문에 주차를 하고 간 사람도 있었다. 아내가 "왜 입구에 주차를 하고 가지?"라며 불만 섞인 말을 해도 화가 전혀 나지 않아, "요즘 주변에 주차하기가 아주 힘드니까 정문까지 주차했네!"라고 말할 수 있었다. 성령의 역사는 이런 것이구나 하는 깨달음이 있었다.

화를 참으면 참을 수 있다. 미움도 참을 수 있다. 힘든 일도 참을 수 있다. 그런데 언젠가는 폭발하게 되어 있다. 교회 사역도 어렵고 힘들지만 할 수 있다. 참을 수 있다. 그런데 언젠가는 폭발할 때도 있다. 중독자들의 생리를 알고 있는가? 술 중독자들은 자신이 참으려고 노력을 많이 한다. 그런데 시간이 지나면 몸이 술을 강력히 원하기 때문에 넘어지고 만다. 담배도 마찬가지다. 끊으려고 아무리 작정하고 결심해도 쉽지 않다. 그런데 나 같은 경우는 술과 담배를 쉽게 끊을 수 있었다. 20대 때 술을 많이 먹었다. 얼마만큼 많이 먹었는가 하면 군에 가서 사격을 하는데 엎드려 쏴 자세에서 총구가 흔들리는 것이다. 이것을 본 조교가 총구에 동전을 놓았는데 그것이 흔들려 떨어질 정도였다. 술을 먹으면 담배는 줄담배를 피웠다. 그런 내가 술을 끊을 수 있었던 것은 갑자기 술 냄새에 구역질이 올라왔기 때문이다.

누구와 술을 마셔도 나를 당할 자가 별로 없었다. 그런데 어느 날 집사님이 솔잎으로 만든 숙성시킨 효소를 가지고 왔는데 그것을 한 잔 먹고 난 후 성도 한 분을 집으로 데려 주려고 운전을 하는데 취하는 것이다. 성찬식도 포도주로 하지 않는다. 포도즙으로 성찬에 사용하고 있다. 완전히 변한 것이다.

나는 술중독자를 많이 상대하고 있다. 그런데 완전히 끊고 사는 사람들을 보지 못했다. 술을 끊게 되었다고 간증을 하는데도 얼마 가지 못해서 술을 마시는 것을 보게 된다. 마약도 마찬가지다. 동성애자들도 자기 의지로 자기를 조절할 수 없다. 이 모든 것의 고침은 성령으로만 가능하다. 그만큼 성령의 역사하심과 일하심이 중요하다.

지금의 내가 제일 싫어하는 냄새는 담배 냄새다. 길거리에서 누가 담배를 피우면 숨을 멈추고 지나갈 정도이다. 이렇게 쉽게 담배를 끊을 수 있었던 것은 내 결심이나 의지가 아닌 성령께서 하신 일이었기 때문이다. 성령으로 설명하지 않으면 전혀 설명이 안 된다.

구원도 마찬가지다. 믿으려고 하는데, 안 믿어지는 것을 어떻게 하겠는가? 믿어지지 않는데 믿으려고 애를 쓰면 신앙생활이 너무 힘들고 예배 시간에 앉아 있는 것조차 힘들다. 그래서 구원 받지 못한 사람 즉, 믿으려고 애를 쓰는데 믿어지지 않은 사람들은 언젠가 지쳐서 하나님을 떠나는 경우가 발생한다. 구원은 믿어지는 것이다. 믿어져야 한다. 그런 차원에서 성령께서 우리의 마음을 만져주셔야 하고 간섭해야만 한다는 말이다.

한 몸의 원리도 마찬가지다. 그래서 에베소서 4장 3절에서 "평안의 매는 줄로 성령이 하나 되게 하신 것을 힘써 지키라"라고 한 것이다. 성령이 하나 되게 해야 한다. 그런 관점에서 성령을 사모하고 갈망하며 성령의 충만한 삶을 위해 나를 죽이고 십자가 밑에 자신을 끊임없이 내려놓아야 한다.

그러므로 성령이 아니면 안 된다는 것을 알고 성령을 통해 일하기 위해 우리는 끊임없이 회개를 통해 거룩함을 유지하도록 노력해야 하고 성령을 통해 교회가 하나 될 수 있다는 것을 명심해야 한다.

부록

하나 됨을 위한 훈련 성경 공부 교재

1. 각자 다른 의견을 서로 토론을 통해 한 몸으로 연합되는 훈련

유대 교육법이 지금 4차 산업교육 혁명에 적용되고 있다는 것은 굉장히 신비한 일이 아닐 수 없다. 유대인 교육 방법 중에 '하브루타'라는 용어가 있다. 이 용어를 적용해서 교회가 하나 되는데 큰 도움이 되기를 바란다. '하브루타'는 끊임없이 대화하며 토론하는 것을 말한다. 무엇을 가지고 토론하는가 하면 '토라' 율법이다. 그리고 '탈무드' 전통 관습과 지혜서인데 즉, 사회 전반의 사상에 구전을 담은 책이다. '하브루타'의 대화와 토론에 의한 적용 범위는 매우 크고 다양하다. 즉, 일반적인 신문에서, 학교의 선생님들과 또한 동료 학생들과의 관계 속에서도 나이 든 부모와 자녀의 관계 문제 속에서도 굉장히 이해의 폭이 크고 넓어서 수많은 문제를 해결할 수 있는 능력이 된다.

'하브루타'는 원래 토론하는 짝이나 파트너를 의미한다. 시작은 이렇다. 부모와 자녀가 이야기를 나누고 그것이 친구와 친구로 이어지고, 또한 동료와 동료의 대화가 이어지는 것이다. 그래서 이야기를 진지하게 주고받으면 질문과 대답이 되고, 대화가 된다. 그리고 여기서 더 전문화가 되면 토론이 되고 더 깊어져 전

문화가 되면 그곳에서 결론을 알게 된다.

'하브루타'는 이런 것이다. 임신했을 때 태아에게 책을 읽어주고 이야기를 들려주는 것도 '하브루타'이고 가정에서 식사를 하면서 아버지와 자녀가 질문하고 답변하는 것도 하브루타이고, 자녀가 잠들기 전에 어머니가 성경을 들려주면서 대화를 나누는 것도 하브루타이고, 아이가 암기와 이해를 잘하기 위해 돌아다니면서 스스로 묻고 답하면서 중얼거리는 것도 하브루타이다. 성경말씀의 구절을 놓고 부모와 서로 이야기하는 것도 하브루타다. 교회에서 성도들과 함께, 학생들끼리 만나 말씀을 공부하면서 논쟁하는 것도 하브루타이다.

2. 하브루타를 통한 7가지 유익

하브루타의 교육을 통해 교회가 하나 될 수 있느냐 하는 문제다. 여기에 몇 가지 유익 되는 부분을 알아보자.

첫째, 뇌를 자극해서 고등 사고력을 기른다. 하브루타가 뇌를 격동시켜서 최고의 뇌로 만들어 주기 때문이다. 그런 면에서 보면 '하브루타'는 뇌를 격동시켜주는 교육이라고 할 수 있다. 왜냐하면 질문과 토론, 논쟁만큼 뇌를 움직이게 하고 생각하게 하는 것이 없기 때문이다.

둘째, 다양한 생각과 창의적인 사고를 하게 된다. 4차 산업교육 혁명은 크게 창의성, 사고력, 인성교육이다. 그러니까 이스라엘 백성들이 얼마나 교육에 앞서있는지를 알아야 한다. 그것은 바벨론 포로 이후에 이들이 하나님을 떠나 우상을 섬기며 죄악된 삶을 살았던 결과로 받아들이고 그때부터 회당, 랍비 제도가 세워져서 성경을 암기하기 시작했다. 이게 결국 교육 방법이 되고 '하브루타'를 만들어 낸 것이다. 그러니까 하브루타는 다양한 견해, 다양한 관점, 다양한 시각을 가지게 한다는 것이다.

셋째, 자기 주도적 학습이다. 자기 동기 학습인데, 스스로 공부를 할 수 있다면 모든 것이 해결된다. 아이들에게 가장 중요한 것은 스스로 깨닫고 공부하는 것이다. 토론에 참여하려면 조사를 하고 연구하며 공부를 스스로 해야 참여할 수 있다. 그렇지 못할 때는 토론이 될 수 없고 토론에 배제될 수밖에 없다. 이런 것이 훈련되면 자기 주도적 학습을 할 수 있는 계기가 분명히 될 수밖에 없다. 이것은 '다니엘리드스쿨'에서 이미 입증된 사실이다. 이들이 말씀과 예배를 통해 하나님을 만나니까 문제아들, 심각한 정신적 고통을 당하는 아이들이 치유 받고 스스로 하나님의 영광을 위해 공부를 하더라는 것이다.

넷째, 소통과 경청, 설득의 능력을 기른다. 그럴 수밖에 없는 것이 대화와 토론은 경청 능력, 설득 능력이 있어야 가능하기 때문이다. 현대에 들어서 소통이 관계의 중요성에서 더욱더 드러나고 있다. 아무리 실력을 갖추어도 그것을 인간관계로 풀지 못하면 그것은 썩고 만다. 아무리 좋은 아이디어와 생각을 가졌다 하더라도 그것은 다른 지체와 협력하지 못하고 설득하지 못하면 하나 됨을 이룰 수가 없다.

다섯째, 질문을 통해 생각을 만든다. '하브루타'는 질문으로 시작해서 질문으로 끝난다. 질문이 좋아야 토론이 제대로 이루어질 수 있다. 질문이 좋아야 생각을 날카롭게 할 수 있기 때문이다. 배움 역시 질문으로 시작된다. 인간은 배우려면 질문을 가져야 한다. 항상 의문을 가지고 질문해야 한다.

여섯째, 친구를 통해, 성도들을 통해, 지체들을 통해 서로를 빚어나가는 일을 한다. 토론을 통해 서로의 장단점을 알게 되고 이런 부분을 서로가 알아가면서 개인의 역사를 알게 된다. 결국 개인의 역사를 알면 그것이 서로의 섬김이 되고, 서로 이해의 폭을 넓히면서 선한 성품으로 지체들이 성장하여 교회를 더욱 든든하게 세워 가는 것이다.

일곱째, 평생의 성도들, 친구들을 얻게 된다. 지금 얼마나 성도들 사이, 지체들 사이나 친구 사이가 감각적이고 감성적인지 모른다. 서로가 가지고 있는 것으로 자랑하고, 가지고 있지 못한 사람들을 외면하고 즉, 빈부의 차이, 성격 차이, 외모의 차이 등으로 다수를 형성해서 소수를 외면하고 따돌림이나 비난의 대상으로 삼는 이런 시대이다. 서로 비난의 대상과 따돌림의 대상으로 삼고 있는 관계가 '하브루타'를 통해 평생 지체, 성도, 친구를 얻게 만든다. 평생 기쁨으로 만날 성도가 있다는 것은 굉장한 축복이다. 유대인들은 회당에 가서 하루 세 번의 기도회를 하는데 회당을 통해 '하브루타' 성도를 매일 만날 수 있다. 이것이 이스라엘 백성들의 네트워크의 기본이고 이런 장점을 교회에 적용하기를 원한다.

지금은 복음의 시대이다. 우리는 율법과 복음을 동시에 가지고 있는 만인 제사장들이다. 성도들이 시간을 좀 투자해서 지체들과 말씀을 공유하며 서로 대화를 깊이 있게 나누는 시간을 마련해 보라. 말씀을 통해서 서로 적용되지 못한 부분과 서로 적용을 잘하는 부분을 계속 대화로 풀어나간다면 교회가 지체들과 굉장히 유익된 시간이 될 뿐만 아니라 하나 되는 데 큰 도움이 될 것이다. 이런 대화, 토론을 통해 교회가 하나님과 친밀한 관계가 형성되고, 지체들과 친밀한 관계가 형성되는 은혜가 반드시 있을 줄 믿는다. 그러면 어떻게 해서 서로 교제하고 대화하고 토론의 상황을 만들어나가느냐 하는 세부적인 부분을 성경 공부 교재를 제시함으로 해결해 나가기를 바란다.

토론의 실제 1

토론 본문
창세기 27장(말씀을 3번 읽게 한다.)

토론 주제
야곱이 염소 새끼 가죽으로 변장시켜 아버지 이삭에게 축복을 받기 위해 갔을 때 이삭인 아버지는 '야곱인 줄 알았다', '아니다 몰랐다' 에 관한 토의

토론 방법
조장이 입론할 때 2분, 토론 및 반론 각각 2분씩, 결론 3분(상황에 따라 바꿀 수 있다)

토론 준비 기간
최소한 일주일은 준비 시간을 주어야 한다.

토론 준비 방법
준비는 조장을 통해 체계적으로 분담을 시킨다.
자료를 잘 찾을 수 있도록 주체자는 도와주어야 한다.

자료를 많이 찾을수록 토의에 유리함을 인지시킨다.
토론의 입증은 성경이어야 한다.

토론 내용

1. '몰랐다'의 입장 : 창세기에는 이삭은 에서가 야곱인 줄 모르고 축복했다.

창 27:33 - '심히 크게 떨며' 이런 반응으로 보아 이삭은 야곱인 줄 몰랐다.

창 27:35 - '속였다' 이삭은 야곱에게 속았다는 것이다.

2. '알았다'의 입장

창 26:34-35 - 에서가 이방인 아내 두 명을 둔 것에 대해 이삭과 리브가의 마음에 근심이 있었다.

창 25:22-23 - 하나님이 두 국민이 태어날 것인데 큰 자가 어린 자를 섬기리라 하는 말씀에 근거하여 하나님은 이미 야곱을 택하셨다.

히 11:20 - 야곱이 믿음으로 축복을 받았다고 말씀하고 있다.

말 1:2-3 - 하나님은 에서보다 야곱을 더 사랑했다고 했다.

서로 준비한 만큼 토론을 할 수 있도록 한다.

* 보조 내용 - 토론이 끝난 후에 성경적 결론을 위해 보조 내용을 말한다.

이삭은 눈이 멀었을 뿐, 판단력은 온전했다. 과연 이삭은 야곱인지 에서인지 몰랐을까? 이삭은 눈이 어두웠지만 미각, 촉각, 후각이 뛰어나다. 걸음걸이, 발걸음 소리를 들어도 분별할 수 있었을 것이다. 별미를 먹을 때도 아내의 음식인지 아들의 음식솜씨인지 구별된다. 냄새를 맡아도 알 수 있고, 또 염소 털로 변장한 것과 사람의 털은 만져보면 분명히 구별되는 부분이다.

토론의 효과

분명히 성경적으로는 이삭이 야곱을 에서인 줄 알고 축복했다. 그런데 상황적으로 보면 알면서 축복을 했다는 짐작만, 정황만 있을 뿐이다. 분명한 것은 성경에서 몰랐다고 되어 있다(창 27:33을 참조). 그 근거로 에서가 아님을 알고 '심히 크게 떨며'라는 상황에서도 미리 짐작할 수 있다. 그렇다면 해답은 상황적으로, 정황적으로 알 수 있는데도 하나님이 모르게 하셔서 야곱에게 축복을 하게 하셨다고 볼 수밖에 없다. 하나님이 모든 역사와 주권을 주장하심을 우리는 이 토론을 통해서 반드시 알아야 할 부분이다. 또한 이런 토론을 통해 성경적 배경과 시대적 상황을 알 수 있고 하나님의 언약적 관점과 하나님의 주권을 충분히 이해할 수 있다. 더 나아가서 이 사건에 대해 세부적으로 이해할 뿐만 아니라 오랫동안 기억될 수 있는 좋은 성경 공부 방법이다.

토론의 실제 2

토론 본문
창세기 27장

토론 주제
리브가가 야곱을 변장시켜 이삭을 속인 일이 '잘한 일'이다, 아니다 '잘못한 일'이다.

토론 방법
조장이 입론할 때 2분, 토론 및 반론 각각 2분씩, 결론 2분

토론 내용
1. 잘한 일이다.
창 26:34-35 - 에서가 이방인 아내 둘을 둔 것에 대해 이삭과 리브가의 마음에 근심이 있었다.
창 25:22-23 - 하나님이 두 국민이 태어날 것인데 큰 자가 어린 자를 섬기리라 하는 말씀에 근거하여 하나님은 이미 야곱을 택했다.
말 1:2-3 - 하나님은 에서보다 야곱을 더 사랑하셨다고 했다.

그러므로 이런 하나님의 계획이 잘못될 수 있는 위기의 상황에서 어머니인 리브가의 선택은 잘한 일이다. 왜냐하면 하나님은 언약적 관점에서 에서가 아니라 야곱을 택했다. 그런데 이삭이 그 일을 그르칠 위험이 있었기 때문에 어머니인 리브가가 지혜를 발휘한 것이다. 성경에서도 거짓말을 해서 칭찬을 들은 인물이 있다. 그중에 출애굽기 1장 16절에 보면 '바로'가 산파들을 불러 "히브리 여인을 위하여 해산을 도울 때에 그 자리를 살펴서 아들이거든 그를 죽이고 딸이거든 살려두라" 이렇게 명령했다. 그때 산파들은 하나님이 두려워 남자아이들을 살려 둔 것이다. 애굽의 '바로 왕'이 이 사실을 알고 산파들을 다시 불러 "너희가 어찌하여 이같이 남자 아이들을 살렸느냐"라고 묻자, 히브리 여인은 애굽 여인과 같지 않아 건강하여 산파가 당도하기 전에 이미 해산했다고 거짓말하게 된다. 그런데 이 거짓말로 인해 하나님이 그 산파들에게 은혜를 베풀었다고 기록하고 있다.

두 번째로는 여호수아 2장에서 여리고에 정탐꾼을 보냈을 때 일이다. 정탐꾼 두 사람이 '기생 라합'의 집에 유숙하고 있었는데, 어떤 사람이 여리고 왕에게 고함으로 인해 여리고 왕이 라합의 집에 군사를 보내 정탐꾼을 찾게 되었다. 기생 라합은 정탐꾼들을 지붕에 벌려 놓은 삼대에 숨긴 후에 거짓말을 했다. "사람들이 내게 왔었으나 그들이 어디에서 왔는지 나는 알지 못하였고 그 사람들이 어두워 성문을 닫을 때쯤 되어 나갔으니, 어디로 갔는지 내가 알지 못하나 급히 따라가라 그리하면 그들을 따라잡으리라 하였으나" 이것은 명백한 거짓말이다. 그런데 이 거짓말로 인해 기생 라합은 구원을 얻고 예수 그리스도의 족보에 오르는 영광을 얻었다. 그렇다면 야곱의 어머니 리브가의 거짓도 하나님께 칭찬받을 일이라고 생각한다.

2. 아니다 잘못한 일이다.

창세기 3장 1-5절에서 보면 최초로 사단이 거짓말을 통해 인간을 타락시켰다. 거짓말은 절대로 용납될 수 없다. 출애굽기 20장 16절에는 "네 이웃에 대하여 거짓 증거하지 말라"라고 되어 있을 뿐만 아니라 출애굽기 23장 7절에서 "거짓 일을 멀리 하며 무죄한 자와 의로운 자를 죽이지 말라"고 하셨다. 시편 5편 6절 "거짓말하는 자들을 멸망시키시리이다" 하셨고, 요한계시록 21장 27절 "무엇이든지 속된 것이나 가증한 일 또는 거짓말하는 자는 결코 그리로 들어가지 못하되 오직 어린 양의 생명책에 기록된 자들만 들어가리라" 말씀하셨다. 이외에 성경의 여러 군데에서 거짓말을 죄라고 말씀하고 있다. 그러므로 리브가의 계획은 거짓을 조장하는데 주역을 담당했으므로 하나님이 원하는 행동이 아니기 때문에 리브가의 잘못은 명백하다.

* 보조 내용

리브가는 하나님께서 큰 자가 작은 자를 섬길 것이라는 사실을 알았고, 또한 야곱을 통해 하나님의 역사가 진행될 것이라는 사실을 알고 있었다. 그러나 이 모든 일은 인간적인 방법으로 계획하는 것은 옳지 않다. 하나님의 방법을 기다려야만 했다. 왜냐하면 리브가가 야곱과 함께 이삭을 속인 결과 결국 장자가 받아야 할 유산을 한 푼도 받지 못했다. 그리고 리브가는 이 일로 인해 야곱과 헤어지게 되었는데 그 이후에 야곱을 한 번도 보지 못하고 죽게 된다. 또한 야곱은 외숙 라반의 집에서 21년 동안 종살이를 하게 되는 고통이 있었다.

토론의 효과

리브가의 행동은 지지받을 수도 있겠지만, 야곱을 통해 아버지인 이삭을 속이게 한 것은 정당한 방법이 아니다. 왜냐하면 하나님의 주권은 인간적인 방법으로 진행되는 것이 아니기 때문이다. 하나님이 야곱을 선택했으면 하나님이 야곱을 이끌 것이며 세울 것이다. 이 점에서 너무 인간적인 관점에서 생각하고 그 방법을 동원한 것이다. 결국 우리는 하나님 중심적인 삶을 살아가야 할 것이냐, 자기중심적인 삶을 살아가야 할 것이냐에 따라 선택의 영역이 완전히 달라진다. 우리가 자기중심적인 삶을 살아가면 하나님의 주권을 인정하는 삶은 살아가지 못할 것이다. 늘 자기가 주인 된 삶을 살며 자기가 결정하는 삶을 살아갈 것이다. 결국 하나님의 중심된 삶을 통해 하나님 나라를 준비하며 그분께 영광된 삶을 살아가는 것이 하나님이 우리를 이 땅에 보내신 목적을 성취하는 일이 될 것이다.

우리는 이런 토론을 통해 절대적인 하나님의 주권을 인정하고 하나님의 말씀에 따라 온전히 순종하는 자세를 배워야 할 것이다. 그리고 아무리 정당한 일이라 할지라도 남을 이용하며 자기 유익을 위해 거짓말하는 것은 용납될 수 없다. 문제는 생명을 살리기 위해 부득불 거짓말하는 경우가 있다. 이런 경우는 산파나 라합의 경우와 같이 칭찬을 받을 수도 있다. 하지만 여기서는 축복을 빼앗은 것이며, 이것으로 인해 에서와 원수가 되고 아버지는 상처가 컸다고 봐야 한다. 그런 관점에서 토론이 결론지어져야 할 것이다(물론 하나님은 사람을 사용하신다. 그런 관점에서 하나님은 리브가를 사용했을 수도 있다. 이런 점을 폭넓게 토론해 보라).

토론의 실제 3

토론 본문
창세기 3장

토론 방법
조장이 입론할 때 2분, 토론 및 반론 각각 2분씩, 결론 2분

토론 주제
아담과 하와가 선악과를 따먹을 때 하나님이 '알았느냐', '몰랐느냐?'

토론 내용
1. 하나님이 선악과를 아담과 하와가 따먹는 것을 알고 있었다는 견해
하나님이 몰랐다면 전지전능에 문제가 있는 분이다. 하나님이 천지를 창조하시고 알파와 오메가 되시는 분이 왜 아담과 하와가 선악과를 따먹는 것을 몰랐겠는가? 하나님은 전지전능하신 분이시다. 창세기 28장 1-5절 말씀에 전능하신 하나님이시라고 말씀했다. 시편 50편 1절에서도 "전능하신 이 여호와 하나님께서 말씀하사 해 돋는 데서부터 지는 데까지 세상을 부르셨도다"라고

했고, 요한계시록 11장 17절 "이르되 감사하옵나니 옛적에도 계셨고 지금도 계신 주 하나님 곧 전능하신 이여 친히 큰 권능을 잡으시고 왕 노릇 하시도다"라고 했다. 이처럼 성경에는 하나님이 전능하시고 전지하심을 분명히 하고 있으며, 하나님의 창조 사역을 통해서도 하나님이 전능과 전지 하심을 보여주고 있다. 이런 분이 선악과를 따먹는 것을 몰랐다는 것은 말이 안 된다.

그리고 하나님은 세미하신 분이시다. 마태복음 10장 30절 "너희에게는 머리털까지 다 세신 바 되었나니" 말씀처럼 우리의 머리털까지 다 세시는 세미하신 분이다. 또한 시편 139편 2-4절에서 "주께서 나의 앉고 일어섬을 아시며 멀리서도 나의 생각을 밝히 아시오며 나의 길과 눕는 것을 살펴보셨으므로 나의 모든 행위를 익히 아시오니 여호와여 나의 혀의 말을 알지 못하시는 것이 하나도 없으시나이다"라고 말씀하셨다. 하나님은 앉고 일어섬을 미리 아시는 분이시다. 뿐만 아니라 마태복음 10장 29절 "참새 두 마리가 한 앗사리온에 팔리지 않느냐 그러나 너희 아버지께서 허락하지 아니하시면 그 하나도 땅에 떨어지지 아니하리라"하는 말씀을 보면 참새 한 마리마저도 하나님이 허락해야 하는데 선악과를 따먹는 중요한 상황 즉, 인류에 최초로 죄가 들어오는 심각한 상황을 하나님이 모르신다는 것을 말도 안 된다.

* 하나님이 선악과를 아담과 하와가 따먹는 것을 알고 있었다는 입장의 보충 설명 – 토론 중에 보충 설명으로 서로 주장을 입증한다.

그러면 하나님이 천지를 창조해 놓으시고, 아담과 하와가 에덴에서 살도록 하셨는데, 결국 하나님이 몰랐다면 하나님의 계획은 실패한 것이 아닐까? 요한계시록 1장 8절 "주 하나님이 이르시되 나는 알파와 오메가라 이제도 있고 전에도 있었고 장차 올 자요 전능한 자라 하시더라" 말씀처럼 이미 모든 것을 계획하시고 아시는 전능하신 분이 왜 몰랐겠는가? 그리고 하나님은 절대로 실패하시는 분이 아니시다. 민수기 23장 19절에서 "하나님은 사람이 아니시니 거짓말을 하지 않으시고 인생이 아니시니 후회가 없으시도다 어찌 그 말씀하신 바를 행하지 않으시며 하신 말씀을 실행하지 않으시랴" 하셨다. 하나님의 계획은 반드시 실행하신다. 그러므로 하나님을 아담과 하와가 선악과를 따먹을 것이라는 사실을 미리 아셨다.

2. 하나님이 선악과를 아담과 하와가 따먹는 것을 몰랐다는 견해

그러면 하나님이 아셨다면, 왜 말리지 않으셨을까? 인류의 첫 번째 죄가 들어오는 가장 위험한 상황인데 왜 하나님은 침묵하셨을까? 요한계시록 3장 20절 "볼지어다 내가 문 밖에 서서 두드리노니 누구든지 내 음성을 듣고 문을 열면 내가 그에게로 들어가 그와 더불어 먹고 그는 나와 더불어 먹으리라" 말씀하셨다. 우리가 마음 문을 열지 않으면 전능하신 주님께서도 어떻게 할 수 없어 밖에 서 있어야 한다. 중요한 것은 우리가 마음 문을 여는 것이다. 하나님은 죄악 된 길을 가는 우리에게 내버려 두는 기다림이 있었다. 로마서 1장 24절 "그러므로 하나님께서 그들을 마음

의 정욕대로 더러움에 내버려 두사 그들의 몸을 서로 욕되게 하셨으니"라고 말씀하고 있다. 하나님은 전지전능하신 분이 아니시다는 말이 아니다. 하나님은 이처럼 죄 가운데 행하시는 것을 내버려 두는 심판을 하시는 분이다. 그러므로 아담과 하와의 선악과를 따먹는 문제도 내버려 두었다.

가장 중요한 부분은 우리에게 '자유의지를 주시는 분이다.' 그러면 자유의지의 범위는 얼마나 되는가? 그것은 하나님이 선악과를 따먹는 것을 모를 정도로 자유의지를 주었다. 자유의지 즉, 우리에게 자율성을 주신 것은 우리를 로봇으로 만들지 않기 위해서이다. 로봇에 인공지능을 장착하여 자녀의 역할도 할 수 있도록 만들 수 있고, 강아지 역할을 할 수 있도록 로봇 강아지를 구입할 수도 있다. 그러나 로봇은 전혀 교감이 없다. 그 로봇에게 사랑이 흘러갈 수도 없고 애착을 느끼며 고장 났을 때 마음이 아프거나 안타까움도 없을 것이다. 왜냐하면 기계에는 소통과 교감이 없기 때문이다. 그래서 하나님은 우리에게 자율권을 주어서 그 자율권으로 하나님을 사랑하고 하나님께 영광을 돌리는 삶을 통해 하나님은 영광을 받기를 원하신다. 요한일서 1장 3절을 보면 "우리가 보고 들은 바를 너희에게도 전함은 너희로 우리와 사귐이 있게 하려 함이니 우리의 사귐은 아버지와 그의 아들 예수 그리스도와 더불어 누림이라" 하는 우리를 부르심 목적이 분명히 나와 있다. 하나님은 우리와 사귐을 위해 자유의지를 주신 것이다. 그래서 결론은 하나님이 선악과를 따먹는 것을 모르셨다는 말이 성립된다.

*하나님이 선악과를 아담과 하와가 따먹는 것을 몰랐다는 견해의 보충 설명

물론 하나님의 계획은 실패하지 않았다. 아담과 하와는 실패했지만, 하나님은 실패하지 않았다. 왜냐하면 아담과 하와가 선악과를 따먹었을 때, 하나님은 예수 그리스도를 준비해 두셔서 계획에 전혀 차질을 빚지 않았기 때문이다. 이스라엘 백성들도 하나님이 불러내어 열방을 구원하고 복을 나누어 주기를 원했다. 그런데 그 일에 실패했지만 하나님은 실패하지 않으셨다. 왜냐하면 그리스도의 죽음과 부활로 말미암아 열방을 향해 구원이 이루어지고 복을 나누어주는 은혜가 이어졌기 때문이다. 그러므로 하나님의 계획은 인간의 불순종이 있음에도 불구하고 그 계획에는 차질을 빚지 않았다.

토론의 결론

결국은 같은 말이다. 왜냐하면 아셨던지, 모르셨던지 하나님의 계획에는 전혀 차질을 빚지 않으며 하나님의 계획대로 세상을 이끌고 있기 때문이다. 중요한 것은 하나님이 알았다, 몰랐다가 중요한 것이 아니라 우리가 하나님 말씀 안에 거하느냐, 그분의 말씀에 순종하고 따르느냐가 중요한 것이다. 어떻게 보면 예정론으로 보느냐, 자유의지론으로 보느냐의 차이이기도 하다. 하나님이 아담과 하와가 선악과를 따먹을 것을 아셨다는 주장은 하나님 관점에서 아셨다고 할 수 있다. 그러나 사람의 관점에서는 모르셨다는 것이다. 하나님은 구원받을 자를 알고 계시지만 인간은 모

르니까 복음을 전해야 하는 것과 같다고 보면 된다.

토론의 효과

1. 하나님은 전지전능 하시지만 우리에게 자유의지를 주어서 우리의 자율권을 존중하며 우리가 자율권으로 불순종할 때 기다리는 자비하신 분이다.

2. 하나님의 계획은 우리가 불순종하여 차질을 빚는 것 같지만 하나님의 계획은 이루어진다는 사실이다.

3. 이런 토론을 통해 하나님이 선악과를 따먹을 때 아셨다, 모르셨다 하는 논쟁은 잘 정리 할 수 있었다.

4. 이 토론을 통해 하나님의 언약이 어떻게 진행되며 이루어지는지를 알 수 있게 되었다.

5. 우리가 자율권을 통해서 하나님의 통치 영역에서 순종하는 것이 얼마나 복된 것인가 하는 것을 배우게 되었다.

6. 서로 다른 의견들을 성경 공부를 통해 하나의 말씀으로 모을 수 있다.

* 성경 공부(피드백, feedback) – 토론에서 피드백은 중요하다.

메모해서 발표하고 회개기도 할 수 있도록 인도한다. 그리고 서로 대화를 통해 어떻게 하면 이런 것에서부터 벗어날 수 있는지를 토론한다. 중요한 것은 이런 토론을 통해 교회의 한 몸으로 부름 받은 연합을 추구해야 한다.

토론의 실제 4

토론 본문

창세기 37장 1-11절

토론 방법

창세기 37장 본문을 3번 읽게 한다.

토론 주제

요셉도 형들에게 잘못했고 형들도 요셉에게 잘못했는데, 왜 요셉에게 하나님이 복을 내리고 그 시대에 쓰임을 받게 되었는가?

♦ 참고 구절 : 요한일서 1장 10-11절

토론 내용

1. 요셉만 복을 받고 형들은 복을 받지 못한 것은 너무 억울하다는 견해
1) 하나님은 공평하신 하나님이시다. 편협하지 않으시다.

관련 성경 구절

(1) 하나님은 공의롭게 심판하신다.

살후 1:5 이는 하나님의 공의로운 심판의 표요 너희로 하여금 하나님 나라에 합당한 자로 여기심을 얻게 하려 함이니 그 나라를 위하여 너희가 또한 고난을 받느니라

(2) 하나님은 공의로우시다.

욥 8:3 하나님이 어찌 심판을 굽게 하시겠으며 전능하신이가 어찌 공의를 굽게 하시겠는가

(3) 하나님은 의와 공의로 판단하고 심판하신다.

시 98:9 그가 땅을 심판하러 임하실 것임이로다 그가 의로 세계를 판단하시며 공평으로 그의 백성을 심판하시리로다

벧전 2:23 욕을 받으시되 대신 욕하지 아니하시고 고난을 받으시되 위협하지 아니하시고 오직 공의로 심판하시는 자에게 부탁하시며

2) 하나님은 공의로 판단하고 심판하는데 왜 요셉의 형들만 고통을 받아야 하는가?

3) 형들이 요셉을 죽이려고 했고 애굽으로 팔아버린 이유가 있다.
   (1) 형들 앞에 잘난척하며 형들의 자존심을 상하게 했다(열두 단과 별들이 절을 한다는 요셉의 꿈 이야기).
   (2) 장자권에 대한 도전을 했다(형들이 볼 때는 질서와 권위의 도전으로 볼 수 있다).
   (3) 형들의 상황을 늘 아버지에게 이야기한 것은 형들 처지에서는 고자질로 볼 수밖에 없었다(형들이 양을 치는 상황들을 아버지께 보고했다).

* 보조 내용
1. 사람은 감정의 동물이다. 여러 가지로 요셉은 형들의 심기를 건드렸다.

2. 요셉은 아버지의 특별한 사랑을 받았다. 일도 하지 않고 채색 옷만 입고 배불리 편하게 지낸 것이다.

3. 아버지의 편견적 사랑이 형들로 하여금 요셉을 죽이자는 계략을 세울 만큼 형들은 마음에 상처가 많았다. 이것은 요셉을 팔아버린 계기가 된 것이다.

4. 여기에 중요한 인과응보 사상이 들어있다. 그것은 야곱이 아버지를 속이고 축복을 대신 받게 된 사건이다. 야곱의 아들들도 짐승의 피를 묻힌 요셉의 옷을 가지고 와서 아버지 야곱에

게 요셉이 짐승에게 죽임을 당했다고 거짓 보고를 하게 된다.

● 결론

자녀들에게 잘못의 원인을 찾으면 안 된다. 원인은 아버지의 편견적 사랑과 과도한 자식 사랑의 집착과 요셉의 고자질과 잘난척 했던 것에 원인을 찾아야 한다. 그런 관점에서 형들에게만 잘못이 있다는 것은 너무 억울하다. 그리고 요셉에게만 축복을 집중해서 주는 것은 공평하신 하나님의 말씀에 유배된다.

2. 요셉이 복을 받아야 마땅하다는 견해

1) 요셉은 형들을 미워해서 잘못을 저지른 것이 아니다.
   (1) 요셉은 아버지의 명령에 순종했을 뿐이다.
   (2) 채색옷은 아버지가 입혔다.
   (3) 아버지의 독단적인 사랑이었다.

2) 하나님이 왜 요셉을 사랑하셨는가?
   (1) 하나님의 주권이다.
   (2) 하나님이 요셉을 선택했다.
   (3) 요셉은 믿음의 사람이었다.

* 보조 내용

1. 요셉은 잘못이 없었다. 원인을 찾으려면 아버지께 있을 수 있다.

2. 요셉은 하나님이 고난을 통해 주권적으로 일하셨다.

3. 요셉이 국무총리가 된 것은 요셉의 복이 아니라 하나님이 요셉을 통해 하나님의 의를 보여주신 것이다.

4. 요셉은 기쁨으로 형들의 잘못을 용서했다. 왜냐하면 이 모든 일은 하나님이 하셨다는 것을 알았기 때문이다.

토론의 결론
요셉은 하나님이 다루고 일을 했다. 하나님이 요셉을 통해 인류의 공의와 정의를 드러냈다. 인류를 구원하기 위한 하나님이 계획이었다. 이것은 누가 복을 받았고, 누가 억울하고를 따져야 할 문제가 아니고 하나님의 주권으로 누구를 사용하고 있느냐의 문제이다.

토론의 교훈
하나님은 우리를 사용하신다. 그런데 사용할 때 반드시 연단과 훈련을 통해 사용하신다. 요셉은 어떤 상황에서도 원망하지 않았다. 왜냐하면 하나님의 다루심을 알았기 때문이다. 그리고 요셉은 가는 곳마다 형통이 이루어졌다. 마찬가지다. 우리는 한 몸으로 부름을 받은 교회로서 요셉의 삶이 도전되어야 한다. 교회로서 이웃에 형통이 이루어져야 한다. 이것은 마땅한 일이며 자연히 품어 나오는 은혜다. 왜냐하면 우리가 지성소이기 때문에 늘 임재 가운데 이웃에 형통함이 이루어지기 때문이다.

토론의 실제 5

토론 본문
마태복음 10장 2-4절

토론 주제
베드로는 천국 가고, 왜 가룟 유다는 지옥 가야만 하는가?

토론 방법
두 그룹으로 나누어 토론한다.

토론 내용
가룟 유다는 예수를 팔아넘기는 배신을 했고, 베드로는 예수님을 세 번 부인했다. 두 사람 모두 잘못했는데, 왜 유다만 지옥 가야 하느냐는 문제를 제시한다.

1. 가룟 유다가 지옥 가는 것은 억울하다. 어쩌면 천국 갈 수도 있다는 견해

1) 가룟 유다는 예수님의 제자였다. 제자가 어떻게 지옥 갈 수 있는가?

2) 돈궤를 맡을 만큼 신임을 받았다. 원래 재정은 목사님이 믿음이 큰 사람을 맡기는 것과 같다.
3) 유다는 다른 제자들처럼 부름을 받은 것이 아니라 직접 찾아올 만큼 열정이 있었다.
4) 유다는 배운 사람이고 열심당에 속한 민족주의자였다. 이런 상황으로 볼 때 가룟 유다가 지옥 갔다는 것은 억울한 상황이다.

* 보조 내용

가룟 유다는 예수님이 미워서 배신한 것이 아니다. 예루살렘에 입성해서 이 땅에서 왕국을 세울 기적을 베풀지 않으니까, 기적을 빨리 베풀라고 의도와 계획을 세우고 팔았다. 만일 돈을 벌기 위해서라면 은 30에 팔지 않았을 것이다. 그리고 돈은 다시 제사장에게 돌려주었다.

2. 가룟 유다는 지옥 갔다는 견해

1) 유다는 한 번도 예수님을 주님이라도 부르지 않았다.
2) 예수님이 이 땅에 오신 목적은 우리를 구원하시기 위한 것인데, 유다는 이 땅에 가장 으뜸가는 나라로 세울 것이라는 기대를 하고 예수를 따랐다.
3) 모든 것을 믿음으로 해석하지 않았다.
　베다니에서 마리아가 예수님의 발에 향유를 부을 때, 유다가 요한복음 12장 5절에서 "이 향유를 어찌하여 삼백 데나리온에 팔아 가난한 자들에게 주지 아니하였느냐"라고 예수님께 헌신하는 마리아를 책망한 사건이 예가 될 수 있다. 성경은 이런 유다에게 이런 결론을 내린다. 요한복음 12장 6절 "이렇게 말함은 가난한 자들을 생각함이 아니요 그는 도둑이라 돈궤를 맡고 거기 넣는 것을 훔쳐 감이러라" 말씀하고 있다.

토론의 교훈
우리도 예수님을 복 주는 분으로 받아들이면 우리의 삶 가운데 예수님을 파는 삶을 살 수 있다. 예수님을 구주로 영접하고 한 몸의 교회를 세워가야 한다. 계산적이 아니라 하나님 나라를 위한 자세로 헌신해야 한다.

베드로와 가룟 유다의 차이점은 여기에 있다. 베드로와 요한이 성전에 기도하러 갈 때, 나면서 걷지 못하는 사람이 성전 곁에서 구걸하고 있었다. 베드로와 요한에게 "무엇을 얻을까" 하여 구걸을 한 것이다. 그때 사도행전 3장 6절에서 "베드로가 이르되 은과 금은 내게 없거니와 내게 있는 이것을 네게 주노니 나사렛 예수 그리스도의 이름으로 일어나 걸으라" 말하고 그의 오른손을 잡아 일으켰다. 이것이 구원받은 자의 태도와 그렇지 않은 사람의 차이점이다. 우리의 삶이 돈이 목적되는 삶이 아니라 그리스도의 이름을 의지하여 하나님 나라에 속한 삶, 한 몸으로 연합된 교회의 삶을 살아가야 한다.

토론의 결론

1. 가룟 유다와 베드로는 같은 죄를 지었다. 유다는 예수님을 팔았고, 베드로는 예수님을 부인했다. 그러나 가룟 유다는 반성했고 베드로는 철저히 회개했다.

2. 베드로는 예수님을 진정으로 사랑했지만 유다는 존경만 했다.

3. 가룟 유다는 자살했고 베드로는 다시 헌신의 삶을 살았다.

4. 가룟 유다는 세상 가치를 따랐지만 베드로는 말씀을 따랐다. 이 내용만으로도 유다와 베드로의 차이는 명확하다. 가룟 유다는 구원받지 못했고 베드로는 구원을 받았다. 가룟 유다가 구원받지 못한 결정적인 구절이 나온다.

   마 26:24 인자는 자기에게 대하여 기록된대로 가거니와 인자를 파는 그 사람에게는 화가 있으리로다 그 사람은 차라리 나지 아니하였더면 제게 좋을 뻔 하였느니라

   이것이 가룟 유다가 구원받지 못한 결정적 이유다.

토론의 실제 6

토론 본문
요한복음 20장 9-10절

토론 주제
예수님이 돌아가시고 부활하셨다는 것을 믿어야 하는가? 예수님이 돌아가신 후 누군가가 시체를 훔쳐 갔다면 부활했다는 소문의 주장을 믿어야 하는가?

*주제의 보충설명
예수의 제자 도마도 의심하는 신앙인의 전형인 인물로 알려져 있다. 그런데 의심은 도마만이 아니었다. 빈 무덤을 찾아간 베드로와 요한도 예수가 죽은 사람들 가운데서 반드시 살아나야 한다는 성경 말씀을 깨닫지 못하고 그들의 일상생활로 다시 돌아갔다. 물론 제자들이나 도마는 예수님을 만나고 회복된 자들이다.

사실 부활의 의심은 불신앙으로 간주하는 것은 분명하다. 하지만 우리는 토론을 통해 현실적인 의심을 제거하는 효과를 거둘 것이다. 왜냐하면 오늘날도 부활을 의심하는 교인들이 꽤 있기 때문이다. 그러나 제자들처럼 예수님을 만나고 신앙이 회복되기를 바란다.

가치 없는 의심은 하나도 없다. 그것이 과학적 의심이 과학의 번성을 가져왔다. 역사 의심이 올바른 역사관을 세웠다. 마찬가지로 의심을 통한 토론이 견고한 믿음과 두려움 없는 토론으로 인도한다.

1. 부활 의심의 주장

1) 직접 보지 않았다.
   보지 못했기 때문에 어쩌면 의심은 당연하다.

2) 소문이 무성했다. 근거 없는 소문도 있지만 소문이 사실인 경우도 있다.
   (1) 제자들이 예수의 시신을 다른 데로 옮겼다.
   (2) 예수가 십자가에 못 박히긴 했지만 실제로 죽기 전에 십자가에서 내려왔다.
   (3) 예수가 죽지 않고 실신했고, 차가운 굴에서 깨어났다.
   (4) 예수가 십자가에 못 박히지 않고 다른 사람이 못 박혀 죽었다.
   (5) 예수의 반대파들이 그분의 시신을 훔쳐 갔다.

마 28:17　예수를 뵈옵고 경배하나 아직도 의심하는 사람들이 있더라

3) 무덤을 지킨 파수꾼의 증언도 있었다.

2. 부활이 사실이라는 주장

1) 부활하신 예수가 직접 나타나셨다.
부활한(구체적으로는 두 손과 옆구리를 보이신) 예수를 보았다는 다른 제자들의 '증언'에 대하여, 도마는 '증거'를 요청한다.

요 20:25　다른 제자들이 그에게 이르되 우리가 주를 보았노라 하니 도마가 이르되 내가 그의 손의 못 자국을 보며 내 손가락을 그 못 자국에 넣으며 내 손을 그 옆구리에 넣어 보지 않고는 믿지 아니하겠노라 하니라

의심하는 도마에게 예수는 직접 나타났다. 그리고 하신 말씀이 요한복음 20장 29절 "너는 나를 본 고로 믿느냐 보지 못하고 믿는 자들은 복되도다"에서 잘 나타나 있다. 성경은 부활의 주께서 승천하시기까지 여인과 제자, 그리고 믿는 형제들에게 모두 10번 나타나 보였다고 기록하고 있다. 막달라 마리아, 여인들, 베드로, 두 제자, 열 제자, 도마, 일곱 제자, 오백여 형제, 야고보, 열한 제자 등으로 나타났다. 부활 후 주께서 제자

들에게 나타난 목적이 무엇인가? 그것은 부활을 믿고 십자가와 부활의 증인으로 제자 삼고 교회 머리 되시는 그리스도와의 연합을 위해서다.

2) 성경 말씀에 기록되어 있다.

고전 15:20   그러나 이제 그리스도께서 죽은 자 가운데서 다시 살아나사 잠자는 자들의 첫 열매가 되셨도다

고전 15:7   그리스도께서 다시 살아나신 일이 없으면 너희의 믿음도 헛되고 너희가 여전히 죄 가운데 있을 것이요

부활을 부정하면 구원을 얻는 믿음은 절대 없었을 것이라는 증언이다.

롬 4:25   예수는 우리가 범죄한 것 때문에 내줌이 되고 또한 우리를 의롭다 하시기 위하여 살아나셨느니라

의로움으로 죄 없다는 것을 선포함으로 교회로 부름을 받아 지성소의 삶을 허락했다.

롬 10:9   네가 만일 네 입으로 예수를 주로 시인하며 또 하나님께서 그를 죽은 자 가운데서 살리신 것을 네 마음에 믿으면 구원

을 받으리라

예수 그리스도의 부활을 믿어야 구원을 받는다는 말이다.

3) 부활 후 제자들의 반응
제자들이 부활하신 예수에 대해 어떻게 반응하느냐에 따라 부활을 확증할 수 있다.
(1) 예수의 제자들이 교회를 통해 죽기까지 부활 신앙을 지키고 전파했다는 것이다.
(2) 예수가 살아있을 때는 믿지 않던 사람들이 부활하신 예수를 보고 믿게 되었다.
(3) 예수의 부활을 기점으로 교회가 생겨났고 교회를 통해 새로운 언약이 시작되는 세상의 변화가 이루어졌다는 것이다.

이런 제자들의 반응만 보더라도 예수의 부활을 확증할 수 있다.

토론의 결론
예수의 부활은 역사적인 사건이다. 부활이 없으면 교회도 없고 지체들도 없다. 반증으로 교회가 있고 지체가 있다는 것은 부활을 증명하고 있다고 봐야 한다. 부활을 통해 하나님의 언약이 실패하지 않고 교회를 통해 새 언약이 성취되고 있다는 뜻이다. 부활은 믿음의 영역이지만 사실의 영역이요, 역사적 영역이다. 하지만 확신을 갖지 못하고 의심하는 교인들이 있을 수 있다. 이들을 교회 지체로 연합시키기 위해서 기다리며, 기도하며, 돌보며, 인내하며 성령으로 말미암아 깨달을 수 있도록 노력해야 한다. 이런 토론식 성경 공부를 통해 부활 신앙을 가질 수 있도록 교회가 힘써야 한다.

*토론으로 성경 공부하는 형식의 예를 든 것이다. 여러 가지 방법이 있을 수 있다. 창의적으로 만들어 보라. 그러므로 대화를 통해, 토론을 통해 서로를 잘 알고 교리적으로 성경적으로 하나 되는 노력을 교회가 해야 한다.